COMUNIDADE OLHAR MISERICORDIOSO

O caminho da Luz

Uma jornada de quatro semanas rumo ao coração de Deus

ANGELVS
EDITORA

COMUNIDADE
OLHAR
MISERICORDIOSO

Dados Internacionais de Catalogação na Publicação (CIP)
(Câmara Brasileira do Livro, SP, Brasil)

```
Caminho da luz / [organização]Comunidade Olhar
    Misericordioso. -- 2. ed. -- São Paulo :
    Angelus Editora, 2021.

    ISBN 978-65-89083-15-3

    1. Crescimento espiritual 2. Deus 3. Fé
(Cristianismo) 4. Religião I. Comunidade Olhar
Misericordioso.

21-87990                                  CDD-248.4
```

Índices para catálogo sistemático:

1. Caminho espiritual : Vida cristã   248.4

Maria Alice Ferreira - Bibliotecária - CRB-8/7964

2ª edição

O CAMINHO DA LUZ

Uma jornada de quatro semanas rumo ao coração de Deus.

Copyright - 2021
© Angelus Editora
Comunidade Olhar Misericordioso

Direção editorial:
Maristela Ciarrocchi

Revisão:
Tatiana Rosa Nogueira Dias

Capa, projeto gráfico e diagramação:
Thiago Lucio

Foto:
Arquivo pessoal da Comunidade

ISBN: 978-65-89083-15-3

*Este livro é dedicado a
Nossa Senhora de Guadalupe.*

Sumário

Apresentação 7

1º PASSO: ABRA SEU CORAÇÃO PARA O PAI

1. Jesus quer se encontrar com você 15
2. "Eis que estou à porta e bato" 19
3. Nosso Deus é o Deus do infinito 23
4. O tempo para as coisas do Alto 27
5. A criação divina 31
6. Dependentes, porém livres 34
7. Somos filhos de Deus 37
8. Mostra-nos o Pai 40

2º PASSO: EXPERIMENTE O AMOR DE DEUS

9. Perseverando no caminho 47
10. O ser humano tem sede de amor 50
11. Desperte para o amor de Deus Pai 53
12. Um coração inflamado 56
13. Paciência para realizar os planos de Deus 59
14. A virtude da paciência 62
15. A misericórdia divina 65
16. Servindo a Jesus misericordioso 68

3º PASSO: VEJA DEUS EM TODA A SUA CRIAÇÃO

17	No mundo mas sem ser do mundo	73
18	Lei da Aceitação	77
19	Lei do Amor Responsável e Lei da Preferência	80
20	Lei da Indiferença e Lei da Atividade	84
21	Amar é uma decisão	88
22	Vocação ao amor	91
23	Amar a Deus sem medida	95

4º PASSO: CAMINHE AO LADO DE JESUS

24	Cristo nos chama	101
25	As tentações	105
26	A Última Ceia	109
27	Getsêmani: Cristo que sofre	113
28	As Sete Palavras de Jesus na cruz	117
29	A morte	121
30	A vitória da vida no sepulcro	126
31	Renascidos em Pentecostes	130

Conclusão	134
Agradecimentos	136

Apresentação

Seja bem-vindo ao Caminho da Luz. Não sabemos que motivo o trouxe até este livro, mas com certeza você busca mais luz para sua vida. Pode ser que você esteja passando por algum momento de escuridão. Pode ser que não haja trevas, mas você precise de um pouco mais de clareza. E nós sabemos que só existe uma Luz verdadeira que ilumina todas as pessoas: Jesus Cristo – o Caminho, a Verdade e a Vida.

Queremos que você nos acompanhe nesta jornada de aprofundamento da fé e crescimento espiritual partindo de um encontro com Jesus para, em seguida, mergulhar no imenso coração de Deus e saborear toda a riqueza do relacionamento com Ele. Se você não nos conhece, é bom que saiba um pouco sobre nós, uma vez que seremos companheiros e te guiaremos nesta caminhada.

Somos a Comunidade Católica Olhar Misericordioso, fundada pelo Padre Alexandre Paciolli, iCM, em 12 de dezembro de 2015, dia de Nossa Senhora de Guadalupe, a quem nossa comunidade é dedicada. Recebemos o Decreto de Ereção Canônica em 26 de dezembro de 2019, assinado pelo Cardeal Orani João Tempesta, Arcebispo do Rio de Janeiro. Somos formados por três grandes famílias: a Comunidade de Aliança, a Comunidade de Vida, e os Amigos da Comunidade. Nosso carisma se manifesta em duas dimensões: carisma interior, sair do julgamento para o amor e carisma exterior, cuidar e defender os sacerdotes e às famílias pelas obras de Misericórdia. Temos como lema o "Tudo por Jesus, nada sem Maria", e as virtudes-rainhas que direcionam nossos membros são a mansidão, a humildade e o zelo apostólico. A vivência dessas virtudes expressa a experiência da misericórdia também na vida de cada um de nós.

Para este Caminho da Luz, foi escolhido um processo pelo qual nosso servo fundador tem muita afeição: os Exercícios Espirituais idealizados por Santo Inácio de Loyola, fundador dos Jesuítas, ainda no século XVI. Esses, porém, incrivelmente são muito atuais e não perderam nada com o tempo. A própria história de Santo Inácio é inspiradora.

Em maio de 1521, o então nobre cavaleiro Iñigo López de Loyola – que depois mudaria de nome para Inácio – foi gravemente ferido na perna por uma bala de canhão na Batalha de Pamplona. Durante o longo período de recuperação, ele procurou ler livros para passar o tempo, como a *Legenda Áurea*, de Jacopo de Varazze, um monge que comparava o serviço de Deus com uma ordem cavalheiresca. Entusiasmado com o testemunho heroico dos santos, Inácio decidiu imitar a vida austera que levavam e, após sua recuperação, retirou-se para uma gruta nos arredores de Barcelona, onde fez um registro de todas as suas meditações e contemplações.

Os Exercícios Espirituais são, então, fruto dessa conversão de Santo Inácio e indicam atitudes e procedimentos que o fizeram mudar de vida e entregar-se a Deus por meio de seguidas reflexões. É um método que deixou marcas profundas na vivência da espiritualidade de nosso servo fundador como sacerdote, que fez pela primeira vez um retiro de Exercícios Espirituais aos 20 anos de idade, antes mesmo de entrar no seminário, em um processo de orientação vocacional. Mais tarde, como seminarista e sacerdote, participou de diversos outros e pregou outros tantos, o que lhe proporcionou um contato muito profundo com Santo Inácio de Loyola e com a dinâmica de sua metodologia. E, por alimentar-se dessa espiritualidade, concluiu, em oração e sob a luz do Espírito Santo, que essa experiência de tantos Exercícios deveria ser partilhada, para que mais pessoas pudessem se beneficiar deles.

O mais transformador dos Exercícios é que tocam profundamente a alma humana e levam a pessoa a uma experiência de verdadeira felicidade e paz interior. Eles sempre trazem alegria e o reconhecimento de ser filho de Deus, e este é também o nosso desejo, que você possa vivenciar e experimentar essa alegria através deste livro, que foi construído e elaborado com bastante cuidado e muito carinho.

Vemos que as pessoas que buscam os Exercícios desejam uma intimidade mais profunda com Deus. Algumas que não veem sentido na vida encontram respostas a grandes questionamentos que se faziam. Isso porque os Exercícios constroem uma base para a vida do ser humano, levando-o a uma vivência do amor divino. Apesar de neles serem tratados diversos temas, tudo se resume ao amor de Deus.

A proposta desta caminhada com os Exercícios Espirituais é renovar e restaurar, é fazer você recomeçar sempre a partir de Jesus Cristo, colocando-o como centro, critério e modelo da sua vida. Quem é Cristo para você? Jesus é uma ideia ou é uma pessoa? Como Ele se traduz e toma força na sua vida? Com base nessas perguntas, você pode começar a refletir sobre a presença do Redentor, já se preparando para o caminho que está por vir. Comece a se dar conta de que só a partir de Jesus pode-se construir uma casa sobre a rocha que a tudo resiste.

Todos nós precisamos de aprofundamento na fé para ficarmos firmes em meio às tempestades. No *Documento de Aparecida*, redigido pelos bispos da América Latina e do Caribe sob a orientação do Papa Bento XVI, podemos ler:

> *"Não resistiria aos embates do tempo uma fé católica reduzida a uma bagagem, a um elenco de algumas normas e de proibições, a práticas de devoção fragmentadas,*

a adesões seletivas e parciais das verdades da fé, a uma participação ocasional em alguns sacramentos, à repetição de princípios doutrinais, a moralismos brandos ou crispados que não convertem a vida dos batizados".

De fato, não se pode ser cristão apenas por uma decisão ética ou por considerar a religião uma ideia grandiosa. Não se pode seguir Deus como se fosse uma obrigação, por conveniência ou de vez em quando. O verdadeiro cristão deve fazer tudo de coração. E é isso que este livro propõe a você: aproximar-se do coração de Deus, conhecê-lo e amá-lo para que você possa caminhar por amor e com determinação. Queremos que, neste Caminho da Luz, você se encontre com Deus e com seu Filho amado. E os Exercícios Espirituais são o método perfeito para esse encontro: um percurso de oração, reflexão e discernimento.

Além dos retiros tradicionais, existe uma modalidade – já prevista por Santo Inácio de Loyola para pessoas muito ocupadas – chamada de Exercícios Espirituais na Vida Cotidiana, em que o exercitante dedica aproximadamente uma hora por dia para a leitura, oração pessoal e meditação, dispondo-se a perceber a ação do Espírito Santo.

Para vivenciar os Exercícios a fundo, é crucial que a alma humana experimente a presença do silêncio e a força transformadora e renovadora que ele exerce nela. O Papa Francisco escreveu em seu perfil no *Twitter*: "Há tanto barulho no mundo. Aprendamos a estar em silêncio dentro de nós mesmos e diante de Deus". Vivemos num mundo veloz e com excesso de informações e, ainda assim, há um vazio dentro de nós que precisa ser preenchido, mas não através das ofertas do mundo.

Muitas pessoas ainda têm medo de enfrentar o silêncio por não estarem acostumados com ele. Inclusive, nas missas, quando há momentos de silêncio mais prolongado, ouvem-

-se pigarros, tosses e sussurros, pois para muitos é difícil manter-se quieto; em meio a tantas distrações e atrativos, é fácil se perder. Negativamente, o silêncio é a ausência de resposta, porém, positivamente, ele propicia profundos momentos de contemplação, gerando encantamento na alma. Observa-se essa contemplação em casais que há muito estão juntos e ainda mantêm a admiração e a comunhão: não precisam de muitas palavras, apenas a presença os completa.

O silêncio proposto nestes Exercícios Espirituais não vai esvaziar sua mente, mas encher sua alma de Deus. Jesus passa constantemente em nossa vida, e às vezes não o reconhecemos porque nossa alma não está em silêncio para percebê-lo. Portanto, faça com que essas reflexões sejam oportunidades de encontro com Cristo, volte-se ao seu interior e tenha momentos só seus com Ele. Desligue-se do mundo, das preocupações, dos medos e entre em profunda comunhão com a Santíssima Trindade. Se não for possível viver um retiro físico num local de total isolamento, você pode vivenciá-lo em instantes reservados em casa ou em algum lugar sereno. Experimente!

Na Exortação Apostólica *Pastores dabo vobis*, São João Paulo II afirma: "O silêncio, como atmosfera espiritual, é indispensável para se perceber a presença de Deus e para se deixar conquistar por ela". É como se estivéssemos numa grande floresta cheia de ruídos e tivéssemos que escutar os passos de uma pessoa. Só ouviremos se estivermos atentos e com a audição apurada. E assim também deve estar nosso coração, apurado e desperto.

Por isso, busque fomentar o silêncio criando espaços e tempos de deserto durante o seu dia, espaços que lhe proporcionem discernimento e amadurecimento espiritual. Assim Jesus fazia: buscava o deserto, alimentava-se de encontros íntimos e solitários com o Pai para rezar ou simplesmente estar com Ele.

Jesus quer vencer por você essa batalha interior, que muitas vezes se estende no íntimo de sua alma simplesmente porque Cristo não tem acesso a você. Portanto, antes de iniciar a leitura deste livro, coloque-se na presença de Deus dizendo: "Senhor, aumenta a minha fé! Aqui estou e me coloco em tuas mãos para que a tua vontade se realize em mim. Maria, passa à frente!"

Que Deus possa aumentar em sua vida a fé, a esperança e o amor, que dão sentido e base para o crescimento da vida espiritual. Que Maria esteja caminhando a seu lado, ensinando você a rezar e a viver estes Exercícios Espirituais. Que este livro renove e reforce sua comunhão espiritual com Deus, para que sua vida não caia na rotina.

Tudo por Jesus, nada sem Maria!
COMUNIDADE OLHAR MISERICORDIOSO

1º PASSO

Abra seu coração para o Pai

1

Jesus quer se encontrar com você

"Eis o Deus que me salva, tenho confiança e nada temo, porque minha força e meu canto é o Senhor, e ele foi o meu salvador."

(Isaías 12,2)

O Caminho da Luz só pode ser iniciado com um encontro. Para que você siga os Exercícios Espirituais e recomece a partir de Jesus Cristo, é necessário, em primeiro lugar, deixar-se encontrar por Nosso Senhor, pela verdadeira Luz.

Se você está aqui, adentrando este Caminho, é porque deseja reavivar a fé, é porque tem determinação. Agora é o momento de deixar seus medos para trás. Pergunte-se: Quais são os meus medos? Tenho medo de me entregar a Deus? Tenho medo de me aprofundar, me comprometer em qualquer coisa? De ser cristão? De amar, de perdoar, de esperar, de confiar? Das tentações, do sofrimento, da morte?

Ao longo desta jornada, vamos trabalhar cada um desses

pontos que talvez aflijam você. O Senhor Jesus pede agora que você seja como Isaías e diga "tenho confiança e nada temo", mesmo que seu espírito ainda não se sinta dessa forma. As palavras já são um primeiro passo.

São João Paulo II, ao iniciar seu pontificado na Praça de São Pedro, colocou ao povo de Deus a seguinte proposta: "Não tenhais medo! Abri, ou melhor, escancarai as portas a Cristo!". Abra seu coração a Jesus para que Ele possa agir. Na realidade, não é você que vai se encontrar com Cristo, mas é Cristo quem vai ao seu encontro. Sua vida espiritual tomará outro rumo quando você entender que é Cristo quem busca, pois Ele é o Bom Pastor que dá a vida por suas ovelhas, que sempre as carrega nos ombros e que delas não se cansa.

Jesus está constantemente procurando, chamando você e dizendo "Onde tu estás, filho? Eu quero tirar todos os teus temores". Permita que Jesus acompanhe você durante esta leitura, sinta a presença dele e lhe responda com fervor: "Vem ao meu encontro, Senhor!". No *Documento de Aparecida*, mais uma vez podemos ler um valioso conselho: "Não tenham medo. Os sinais da vitória de Cristo Ressuscitado nos estimulam enquanto suplicamos a graça da conversão e mantemos viva a esperança que não engana".

Nem sempre é nas situações mais fáceis que Jesus se aproxima de nós. Na verdade, costuma ser o contrário, pois normalmente é nas horas de dificuldade que abrimos o coração com súplicas. Bem me lembro de quando vim morar sozinho no Rio de Janeiro aos 15 anos, saído da minha Fortaleza natal, para estudar na Academia Naval. Tudo era um desafio. Tinha que caminhar com minhas próprias forças e precisava estar à altura do que meus pais esperavam de mim. O primeiro ano foi difícil. Encontrei na capela da Academia um refúgio para o árduo ritmo de vida. Foi aí que o Senhor, infinitamente mais inteligente que eu, se aproveitou da situação para semear em meu coração o amor a Ele. Depois disso, não quis saber de outra coisa, apesar do meu caminho de percalços.

Se somos católicos autênticos, não deve haver outra prioridade além de Cristo em nossa vida. Que seja Ele o nosso centro! Mas o que significa viver em Cristo? Isaías responde: "O espírito do Senhor repousa sobre mim, porque o Senhor consagrou-me pela unção; enviou-me a levar a boa-nova aos humildes, curar os corações doloridos, anunciar aos cativos a redenção e aos prisioneiros a liberdade" (Is 61,1).

Ou seja, não basta encontrar-se com Jesus, mas também é necessário levá-lo aos demais. Todos somos ungidos por Ele para pregar, mas ninguém consegue pregar de coração aquilo que não experimenta. Neste livro, quero proporcionar a você essa vivência.

Fala-se constantemente hoje que a comunicação do encontro é a melhor que a Igreja pode utilizar. Pessoas se transformam a partir de experiências, e não de ideias. Por isso, misteriosamente Jesus precisa de você, pois este encontro levará outras pessoas a conhecê-lo através do seu testemunho, da sua pregação, do seu serviço e da sua experiência pessoal com Ele.

O que define as pessoas não são as circunstâncias em que vivem, mas a capacidade que elas têm de amar. Se há na alma a sede de renovação, ela deseja ter um panorama ainda mais vasto. Para contemplar uma paisagem com mais amplitude, é necessário subir uma montanha, e a prática destes Exercícios Espirituais fará com que você, pouco a pouco, se aproxime do cume da vida espiritual e tenha uma nova visão de vida. Entregue-se, não tenha medo! Jesus nos coloca essas palavras de ordem: "Não tema!"

Não tenha receio das situações de tribulação que você possa estar vivendo, tampouco se prenda a elas. Jesus só quer seu coração, e o resto Ele fará por você.

Recomece sua vida dando um "sim" definitivo a Jesus Cristo! Seja Ele a sua orientação fundamental. Não são só os sacerdotes, os consagrados ou outros religiosos que precisam orientar sua vida a Cristo: todas as pessoas devem fazê-lo. Que ser de Deus seja sempre uma novidade!

2

"Eis que estou à porta e bato"

"Se alguém ouvir a minha voz e me abrir a porta, entrarei em sua casa e cearemos, eu com ele e ele comigo."
(Apocalipse 3,20)

Jesus está batendo à porta do seu coração. Ele quer intimamente tocá-lo e curá-lo, lá onde se escondem os segredos mais profundos que só você e Ele conhecem.

Já dizia o escritor Rubem Alves que "ostra feliz não faz pérola". Ela é produto da dor, pois surge quando a ostra se defende de invasores. Camada por camada, o corpo estranho vai sendo envolvido por uma substância, até que se forma a bela pérola. Uma ostra que não foi ferida não produz preciosidades, porque ficou imune a todo sofrimento. Talvez, neste momento, sua alma esteja cheia de feridas. Bendito seja Deus se assim for, pois essas feridas serão transformadas em pérolas! Mas, para que isso aconteça, você deve abrir o coração e deixar que o Senhor Jesus faça no seu interior aquilo que Ele deseja fazer.

São Francisco de Sales desenvolveu uma bela analogia da nossa relação com Jesus. Lembrando que existem lugares do mundo onde brota água doce no meio da água salgada, ele comparou a água doce com as situações difíceis da vida, e a água salgada com o coração de Cristo. É possível que as situações difíceis que trazemos conosco brotem no coração de Jesus? Claro que sim, pois Cristo está disposto a receber todas elas e transformá-las no seu Sagrado Coração. Porque, no momento em que a água doce é lançada no mar, já não se consegue mais distinguir o que é doce e o que é salgado: tudo se transforma em água salgada, tudo se transforma no coração de Cristo.

Jesus quer entrar e fazer do seu coração uma morada do Espírito Santo. Mas Ele nunca irá forçar você a abrir essa porta. A nós foi dada a liberdade de escolha, que é preciosa aos olhos de Deus. Podemos dizer "sim" a algumas coisas e "não" a outras, segundo o nosso livre-arbítrio, que nos leva sempre a crescer ou a diminuir no amor.

Jesus precisa de sua disposição interior em querer mudar. Ele não pode encontrar uma porta apenas entreaberta. Deixe de lado sua rebelião interior, coisas pequenas, fatos que não permitem que o amor de Jesus entre. Ele já saiu ao seu encontro e não há como dizer: "Olha, Senhor, amanhã abrirei as portas para ti". Não! Ele quer que você abra seu coração *agora*, não há o que esperar.

É importante ter em mente que quem bate à porta é Jesus. É Ele quem toca, não há outra pessoa. Não é você ou o sacerdote ou um amigo. É um erro pensar, por exemplo, que, como evangelizadores, nós somos a salina. Jesus nos diz "Vós sois o sal da terra" (Mateus 5,13), então é Ele quem produz o sal e dá todo o sabor.

Unidos a Cristo, podemos reconhecer com mais facilidade

os sinais de que Ele está passando. E desde quando Jesus pode estar chamando e tentando tocar o seu coração? Difícil dizer, talvez há meses, anos... Talvez esteja batendo em vão, esperando sua resposta de fé. E quem sabe você não esteja escutando porque há tantos ruídos interiores que se torna impossível perceber o delicado toque de Jesus. Os ruídos podem ser causados por paixões desordenadas, rancores, preocupações, imperfeições, etc. E só uma pessoa pode silenciar tudo isso de modo a escutar Cristo: você mesmo!

Eu mesmo resisti a minha vocação quando era jovem, tentando abafar a voz de Jesus que falava ao meu coração. Certa vez, um amigo meu me perguntou: "Você gostaria de ser sacerdote?". E minha resposta foi: "Jamais". Não queria de maneira nenhuma aceitar o chamado de Deus. Comecei a praticar esportes e fazer outras atividades aventureiras com o intuito de não escutar a voz do Senhor. Chegou então uma etapa da minha vida em que tudo parecia tranquilo, pois havia conseguido silenciar bem minha vocação, muito embora houvesse uma luta constante contra minha voz interior.

Naturalmente, o chamado à vocação religiosa é apenas um dos muitos chamados que Cristo pode nos fazer. Impressionante pensar que Jesus parece estar sempre mendigando o nosso amor, apesar de ser o Nosso Senhor. Mas é assim que Ele faz, nunca se cansando de nós. Pacientemente vai nos chamando, ainda que não percebamos.

Como narram os Evangelhos em diversos momentos, Jesus faz suas abordagens de maneira inesperada e muitas vezes em meio a períodos de treva. Ele concede suas graças quando quer e a quem quer. Dizia Santo Agostinho: "Tenho medo da graça que passa sem que eu perceba". Portanto, esteja sempre atento e não permita que as coisas do mundo distraiam você.

Jesus não perde ocasião. Nos momentos de dificuldade, Ele bate à sua porta; nos momentos de solidão, Ele lhe faz companhia. Se uma pessoa muito querida sua parte deste mundo, é Cristo quem conforta você. Se você opta por renunciar a algo para estar com Jesus, é Ele quem lhe fala ao coração!

Em uma das solenidades da Assunção de Nossa Senhora, o Papa Bento XVI declarou: "Se Deus é grande, também nós somos grandes". Aprendamos, pois, com Maria a escancarar as portas de nosso coração a Cristo, ela que como ninguém soube fazer Deus grande em sua vida!

Se você não consegue abrir o coração a Cristo, reflita o porquê disso. Talvez seja por medo, por preguiça espiritual ou por mediocridade. Se sua alma ainda não está totalmente disposta a dar um "sim" firme e completo, coragem! Não deixe de trabalhá-lo constantemente, para que esse "sim" seja sincero e íntegro.

3

Nosso Deus é o Deus do infinito

"Sansão desceu com seu pai e sua mãe a Tamna. Apareceu de repente um leão, rugindo, que arremeteu contra ele. O Espírito do Senhor apossou-se de Sansão, e ele despedaçou o leão como se fosse um cabrito, sem ter coisa alguma na mão."
(Juízes 14,5-6)

Jesus está batendo à porta do seu coração. Ele quer intima- Para termos uma vivência mais profunda dos Exercícios Espirituais precisamos estar unidos ao Espírito do Senhor e fazer como Sansão, que permitiu que Ele atuasse em sua alma. Sem essa ação, Sansão não sobreviveria.

Essa história nos encoraja a deixar que o Espírito Santo atue sobre nós. Se a Sansão foi concedida a força física, hoje somos agraciados com os dons do Espírito, que fazem frutificar em nós virtudes como a paciência e a mansidão, destroem as más inclinações humanas e nos dão vitórias nas batalhas diárias, verdadeiros milagres em nossas vidas!

Deixe que o Senhor Jesus navegue como quiser na sua vida, confiando que, em suas dificuldades, Ele irá infundir em você a força do Espírito Santo que despedaça qualquer situação indesejada. Seu coração deve estar aberto a ter um encontro íntimo e fortalecedor com Cristo, permitindo que o seu Espírito aja em você de forma livre.

Deus não nega suas graças a ninguém. E, quando encontra docilidade às inspirações do Espírito Santo, faz com que a alma adquira um vigor maior no caminho da santidade. Essa é uma via estreita, cheia de renúncias e sacrifícios, mas Santa Faustina nos consola, mostrando em seu Diário que não estamos sozinhos:

> *Ó Jesus, quão fácil é santificar-se; é necessário somente um pouco de boa vontade. Se Jesus descobre na alma esse pouquinho de boa vontade, então se apressa a entregar-se à alma e nada o pode deter, nem os erros, nem as quedas, nada em absoluto. Se a alma é fiel a essa graça de Deus, então em muito pouco tempo pode chegar à máxima santidade à qual uma criatura pode chegar aqui na Terra. Deus é muito generoso e não recusa a ninguém sua graça, dá mais do que nós lhe pedimos.*

Deixe todo o espaço e toda a liberdade àquele que é o artífice da santidade, a Terceira Pessoa da Santíssima Trindade. E que você possa dizer em profunda intimidade com Deus: "Senhor, aqui estou como eu sou e não como eu quero ser. Faz em mim a tua obra!"

Medito muito sobre limites e liberdade quando velejo. A vela é um esporte de que gosto muito, mas acabo praticando pouco em função do intenso ritmo como sacerdote. Quando velejo num lago, percebo as restrições, pois seu espaço é bem mais limitado que o do oceano. Já velejar no mar me proporciona uma sensação indescritível, porque a ideia de liberdade e do infinito tomam conta da minha mente. No oceano, o velejador contempla a imensidão, e assim também você deve deixar que o Espírito Santo navegue sem limites na sua alma.

Como disse o Papa Francisco, "os milagres existem, mas é necessária a oração! Uma oração corajosa que luta, que persevera, não uma oração de circunstância". Não é possível ficar de braços cruzados, à espera de que caiam bênçãos do céu. Expanda seu horizonte, arrebente os muros que limitam sua vida! Nenhum leão poderá devorar você se Deus se apoderar de seu espírito. Você crê nisso? Não o restrinja a navegar somente em um lago, porque Deus é o Deus do infinito, o Todo-Poderoso que não pode ser enclausurado. Não coloque limites à ação do Espírito, não coloque limites para Deus! Ele é muito mais que o oceano, Ele é muito maior que todas as suas criações.

Os passos dados em direção a Cristo são sempre uma oportunidade que você tem de dizer a Ele: "Senhor aqui estão os leões, ajuda-me a transformar todas essas minhas dificuldades em fortaleza. Ajuda-me, Senhor Jesus, a transformar minhas fraquezas em situações positivas e delas tirar lições para a minha vida."

Se o Espírito Santo ainda é um grande desconhecido seu, permita que Ele passe a fazer parte de sua vida, permita que Ele tenha mais transcendência na sua alma, porque é Ele quem vai fazer uma obra de santidade em você, vai retirar seus medos e renovar a sua pessoa, fazendo de você um homem novo, uma mulher nova.

Bendito seja Deus por você, que busca essa experiência com

Cristo. Louvado seja Deus por você, que quer se encontrar com o poder e o amor do Pai, que ama você infinitamente.

Una-se definitivamente ao Espírito Santo e diga agora, com todo o fervor do seu coração: "Jesus, aqui estou e sou todo vosso. Vinde, Espírito Santo!"

4

O tempo para as coisas do Alto

"Quanto àquele dia e àquela hora, ninguém o sabe, nem mesmo os anjos do céu, mas somente o Pai."

(MATEUS 24,36)

O momento exato da segunda vinda de Jesus à Terra é desconhecido por todos nós, por isso devemos estar em constante vigilância. Precisamos nos preparar para esse encontro meditando sobre as coisas do Alto. Que lugar Deus ocupa na sua vida, no seu trabalho, na sua convivência familiar e no seu descanso? Ele é o centro de suas atividades, é só um convidado sem importância ou nem é chamado? Infelizmente, muitas vezes, o convidamos a entrar apenas em momentos de dor, em solicitações.

Mas também não basta simplesmente ter uma vida com Deus, só para constar; é preciso ter intimidade com Ele. É importante que Deus seja grande em nós e nos outros e que esteja presente em todos os nossos relacionamentos. Você vê

Jesus no seu próximo? Esse é um passo essencial para santificar toda relação.

Para chegar a essa profundidade nos Exercícios Espirituais, você deve ter tempo disponível. Do que adianta fazer as reflexões com pressa? Reserve um período, mesmo que não seja longo, para meditar a Palavra e outras leituras que levem você a um crescimento espiritual.

A verdade é que o tempo é um vilão dos dias atuais e tem sido curto diante de tantas tarefas assumidas e de tantas propostas recebidas nas 24 horas disponíveis para executá-las. Como administrá-lo e priorizar as atividades? Deus é a solução. Quando Deus entra na nossa vida, o tempo se estende. Sabemos que Deus é atemporal, que para Ele não existe tempo. Porém, a nossa realidade é cronológica, numa sucessão de minutos que nos leva à ansiedade e à dispersão. Temos muito tempo para tarefas mundanas e atividades sociais, e pouco para Deus. Mas, quando Deus entra em nossa vida, Ele dilata o nosso tempo de forma misteriosa e extremamente eficaz.

Certa vez, um senhor contou-me que dormia pouco. Não é que ele sofresse de insônia, mas, em função do trabalho, lhe restavam apenas quatro horas para descansar. Ele e a esposa passaram, então, a rezar juntos antes de dormir pedindo a Deus que lhe desse o descanso necessário para as tarefas do dia seguinte. Esse senhor testemunhou que, pouco a pouco, sua vida foi mudando e que suas noites passaram lentamente a ser mais prazerosas, mais atemporais. Ele disse que acordava muito mais descansado e reconheceu que a razão disso era ter trazido Deus para sua vida.

Se deixarmos Jesus fora do nosso tempo e de nossa vida, ficamos cada vez mais insatisfeitos com nossos bens materiais, pois nada nos sacia. Na Quarta-Feira de Cinzas de 2014, o Papa

Francisco salientou que precisamos nos livrar "da obsessão de ter posses, do medo de perder o que possuímos, da tristeza daqueles que não querem compartilhar seu bem-estar com os outros". Por exemplo, se tenho um carro mas reconheço a presença de Jesus em mim, esse automóvel será um bem que me serve, e não que me escraviza. Sem Cristo, com bastante frequência observamos homens e mulheres que se tornam escravos de seus bens, títulos e cargos.

Da mesma forma, quando identifico Jesus numa pessoa que convive comigo, ela tem uma importância diferenciada para mim. Muitas mulheres me falam "Padre, meu marido está comigo, mas eu não sinto a presença dele", e muitos homens comentam o mesmo sobre as suas esposas. Entretidos com a tecnologia, com os próprios problemas e atividades, deixam suas relações de lado, e logo escapa de suas mãos a família e chega ao fim o sagrado matrimônio. É isso que Cristo quer de nós? Onde Ele está, que lugar Ele ocupa em nossa vida?

Não tenha medo de Jesus neste Caminho da Luz. Como disse o Papa Bento XVI na missa que marcava o início de seu pontificado, "Deus não tira nada, Ele dá tudo. Quem se doa por Ele, recebe o cêntuplo". O verdadeiro comprometimento com Deus não significa prisão nem obrigações, mas liberdade e amor. Em geral, muitos acham que fazer as coisas divinas é uma perda de tempo, que poderia ser gasto com tarefas de lazer – momentos que não propiciam o mesmo equilíbrio, discernimento e paz interior.

Na passagem de Lucas 10,41-42, Jesus fala a cada um de nós o mesmo que falou à irmã de Maria: "Marta, Marta, andas muito inquieta e te preocupas com muitas coisas; no entanto, uma só coisa é necessária". E a que se refere Nosso Senhor? Ao nosso tempo com Deus! Esquecemos que, além de toda a agitação e de todas as nossas vaidades, somos seres criados por Deus, à sua imagem e semelhança, e que somos chamados a algo muito mais profundo do que podemos imaginar.

Quanto tempo gastamos para fazer coisas que não têm importância? Precisamos nos aproximar de Deus através da oração constante e perseverante, para que não sejamos pegos de surpresa no dia em que formos chamados a estar face a face com Jesus.

5
A criação divina

"Façamos o homem à nossa imagem e semelhança. Que ele reine sobre os peixes do mar, sobre as aves dos céus, sobre os animais domésticos e sobre toda a terra."

(Gênesis 1,26)

Como é bonito ler o relato precioso da criação, em que o Universo vai sendo formado, até o surgimento do ser humano, centro de tudo.

A obra da criação divina é como uma bela sinfonia com muitos instrumentos que tocam numa mesma e afinadíssima orquestra. Toda a criação, cada árvore, cada passarinho, cada ser tem seu valor. O maestro que rege e conduz é Deus, que também é o mentor dessa sinfonia impecável. E o instrumento mais importante nessa obra é o ser humano. Por isso, devemos reconhecer e contemplar nosso valor; cada um de nós é chamado a um propósito.

Dentro da criação, destacam-se todos os poderes que a nós foram concedidos por Deus. Mas, ao mesmo tempo, chamam atenção a nossa fragilidade e a nossa brevidade. Certo dia, tive uma experiência muito forte ao abençoar um corpo num necrotério. Por mais que seja uma tarefa comum na vida sacerdotal, às vezes sinto-me ainda fragilizado. Cheguei diante do corpo de um colega sacerdote e me tocou pensar como os funcionários do necrotério se portam diante da morte, já acostumados com seus afazeres. Mas um dos que preparou aquele corpo me falou algo que eu nunca esqueço: "Padre, eu sou muito católico e estou trabalhando aqui realmente por necessidade, pois é um serviço que me custa emocionalmente. Mas, a cada corpo que chega, contemplo a nossa grandeza e a perfeição com a qual Deus nos manda outra vez para Ele depois de termos vivido nesta terra". Fomos criados com um carinho gigantesco por Deus; não é por mera casualidade que estamos aqui, não caímos de paraquedas!

Ainda que sejamos passageiros, não nos esqueçamos de que a nossa alma tende ao infinito. Que maravilhoso pensar sobre isso! Se o ser humano deixa de buscar o infinito, passa a reinar um vazio existencial, que só pode ser preenchido verdadeira e profundamente pelo inesgotável amor de Deus.

Nossa civilização, apesar de tantos avanços e de tanta tecnologia, está cada vez mais inquieta. As pessoas estão carentes e sentem um vazio de felicidade real, pois se prendem às alegrias supérfluas. Não se afaste de Deus para tentar buscar felicidade nas coisas da terra. Ainda como cardeal Ratzinger, o Papa Bento XVI escreveu no livro *Mirar a Cristo* [Olhar para Cristo]: "As coisas terrenas vão bem apenas quando não esquecemos as coisas superiores".

Deus nos deu a capacidade de gerar coisas novas, deu-nos a inteligência e o poder gigantesco de realização através do livre-arbítrio. Por outro lado, também podemos fazer grandes atrocidades por nossa enorme capacidade de amar. "A corrupção dos melhores é a pior corrupção", diz um ditado latino. Quando o ser humano se corrompe, é capaz de provocar desastres e destruição.

Porém, pense nas maravilhas que podemos fazer. Jesus disse a seus discípulos: "Aquele que crê em mim fará também as obras que eu faço, e fará ainda maiores do que estas" (João 14,12). Obras maiores que as de Cristo! Sempre estivemos destinados a levar o amor de Deus, mesmo antes de nascermos. Em Jeremias 1,5, lemos a passagem que nos convida a pensar no dia em que fomos gerados por Deus: "Antes que no seio [de tua mãe] fosses formado, eu já te conhecia; antes de teu nascimento, eu já te havia consagrado". Deus sempre nos amou, Ele já nos conhecia, já conhecia nossa alma e desde sempre estávamos em seus pensamentos.

Contemple a maravilha que é o corpo humano e todo o seu sistema. A estrutura que é o esqueleto, o sistema de tração que são os músculos, o sistema nervoso e todo o sistema de irrigação através do sangue. O corpo humano é uma verdadeira obra de arte, uma maravilha de Deus, o templo do Espírito Santo. O Universo não tem, em toda sua imensidão, tantos mistérios, tantas grandezas como este universo do corpo humano. E, unido o corpo à nossa alma, vemos a imagem de Deus.

Mas ainda devemos ter consciência de que dependemos do Criador e de que nossa existência é finita. Portanto, habitue-se a dizer: "Senhor, obrigado(a) porque eu existo, obrigado(a) pela minha existência, pela minha alma e pelo meu corpo".

6

Dependentes, porém livres

"Toda a boa dádiva e todo o dom perfeito vêm de cima: descem do Pai das luzes, no qual não há mudança nem mesmo aparência de instabilidade."

(Tiago 1,17)

Desde toda a eternidade, Deus pensou em cada um dos seres humanos, e o tempo que temos destinado nesta terra é para corresponder a tudo aquilo que Ele quer de nós. Pois sabemos que o que nos espera é o Paraíso.

São inúmeros os talentos que recebemos para cumprir nossa missão. Se você tivesse que fazer uma lista de todas as graças dadas por Deus em sua vida, faltaria papel no mundo. São Basílio Magno, influente teólogo, escreveu: "Que palavra poderá verdadeiramente descrever os dons de Deus? São tantos que não se podem enumerar. São de tal grandeza que um só deles bastaria para merecer toda a nossa gratidão para com o Doador".

Nossa existência é fruto de um querer de Deus. Você já imaginou que poderia não existir? Deus permitiu que estivéssemos aqui porque Ele quer alguma coisa de nós. Ele especialmente nos ama e deseja que sejamos um instrumento do seu amor. É nosso dever espelharmos Deus, pois Ele nos criou à sua imagem e semelhança. Nós também poderíamos não ter nenhuma participação na natureza divina, mas Deus nos deu essa graça. E, quanto mais participamos, mais tendemos à perfeição.

Tudo que somos e temos é obra, dom e graça de Deus: não somos nada sem Ele. Esse não é um pensamento desmerecedor, mas nossa realidade. Se achamos que podemos algo por nós mesmos, nos tornamos arrogantes, vaidosos e orgulhosos de algo que não nos pertence.

Nossas criações nada mais são que fruto de todas as coisas originalmente criadas por Deus. Somos muito frágeis, assim como é frágil um vaso de barro que pode ser quebrado a qualquer momento. Quando tomamos consciência de que somos nada e que Deus é tudo, nos sentimos renovados e fortalecidos.

Isso me faz recordar um retiro que tive de organizar em 1987 na Academia Naval, onde estudava. O padre capelão me convidou a estar à frente, mesmo diante da minha inexperiência. Tudo era um desafio. Dei uma palestra sobre o filho pródigo e todos começaram a chorar por seus pecados, inclusive eu. A experiência de minha mediocridade foi muito forte, mas senti a graça de Deus ainda mais intensa.

É necessário, então, fugir da tentação de se achar autossuficiente. Quando fazemos mau uso dos nosso dons, caímos no pecado da vaidade, que nos leva ao orgulho e à soberba. O que se vê com frequência no mundo de hoje é o poder que sobe à cabeça. Nesses momentos de prepotência, devemos relembrar os ensinamentos de Cristo, voltar à passagem de João 19,10-11, em que Jesus trava um diálogo com Pilatos. Nela, o prefeito da província da Judeia questiona o Senhor: "Não sabes que tenho poder para te soltar e para te crucificar?". E Jesus lhe responde: "Não terias poder algum sobre mim, se de cima não te fora dado".

Somos nada e a qualquer momento podemos não estar mais aqui. Não deixe que nada nem ninguém possa tirar de você a consciência de sua total dependência de Deus. Tenha sempre em você um sentimento de grande adesão ao Pai, ao Filho e ao Espírito Santo, uma adesão real, como a de São Francisco de Assis, que dizia: "Meu Deus e meu tudo!". Reconheça Deus como mentor, criador e senhor de todas as coisas, de sua vida e também da vida daqueles que você ama.

Lembro-me agora de uma história muito bonita. Um rei dizia que tinha um desejo: ser enterrado com as mãos abertas e para fora do caixão. Quando lhe perguntaram o porquê desse gesto, ele respondeu: "Recebi tudo de Deus e a Ele retorno tudo".

Que, ao reconhecer o seu nada diante de Deus, brote em você o profundo desejo e sentimento de amá-lo, devolvendo a Ele tudo que a você foi concedido. Que você possa dar mais tempo ao Pai e menos tempo a você mesmo. E que nada nem ninguém tire de você toda a beleza que um dia Deus criou na sua alma, no seu corpo e na sua vida.

Na mensagem do Ângelus em 14 de dezembro de 2014, o Papa Francisco falou: "Ter fé não significa não ter momentos difíceis, mas ter a força para enfrentá-los, sabendo que não estamos sozinhos". Ser dependente de Deus significa ter sempre alguém em quem se amparar.

Seja firme. Deus ama você!

7

Somos filhos de Deus

*"Buscai as coisas lá do alto, onde
Cristo está sentado à direita de Deus.
Afeiçoai-vos às coisas lá de cima,
e não às da terra."*

(COLOSSENSES 3,1-2)

Cada um de nós foi pensado por Deus de maneira carinhosa e única. Entre as numerosas consequências de nossa criação, umas das mais preciosas pode ser encontrada na Primeira Epístola de São João, capítulo 3, versículo 1: "Considerai com que amor nos amou o Pai, para que sejamos chamados filhos de Deus. E nós o somos de fato". Não se trata apenas de uma ênfase retórica. São João experimentou a força de ter sido gerado por Deus e manifestou isso em sua primeira carta.

Somos filhos de Deus não por uma casualidade, mas por um querer eterno dele. Não à toa, Jesus nos ensinou o Pai-Nosso, no qual Ele chama e nos convida a chamar Deus de Pai. Numa das orações iniciais do Rito da Comunhão na Santa Missa, o sacerdote convida os fiéis a rezarem o Pai-Nosso dizendo: "Porque nos chamamos e somos filhos de Deus, ousamos dizer com toda a confiança". Realmente é uma ousadia chamar Deus de Pai, mas uma ousadia, bendito seja Deus, ensinada e pedida por Jesus. Ouse, porque Ele ama e reconhece você como filho! Ele lhe deu a vida, você é precioso a seus olhos. Ele conhece o abismo de sua alma e tudo aquilo que vai no interior do seu coração.

Jesus nos convida a não olharmos para Deus como alguém distante, afastado, mas a sentirmos a sua presença ao nosso lado e dentro de nós, como um Pai que nos dá a vida e que nos sustenta para sempre. Se nós pudéssemos entender isso na totalidade, morreríamos de alegria e já estaríamos adiantando nesta terra o nosso Céu. Se meditamos e compreendemos o valor de nossa criação, tudo o que é preto e branco em nossa vida se colore.

Ser filho de Deus implica a participação numa herança da vida eterna. Jesus não nos quer condenados: nós é que nos condenamos, com nossas decisões, com o nosso "não" a Deus. É escolha nossa amar a Deus como Pai, não podemos deixar isso para mais tarde. Exercite o Pai-Nosso, diga-o com toda a vontade do seu coração e com todo amor. Nessa oração, Deus desce até a Terra para também fazer você divino.

Há outra parte muito importante e significativa da Santa Missa, no momento do ofertório, quando o sacerdote coloca no vinho uma gotinha de água que representa a nossa participação no sangue do Senhor: é a divindade de Cristo que se une a nossa humanidade, para que nos tornemos divinos com Ele, porque somos filhos de Deus. Mas Jesus também nos cobra o dever de buscá-lo com confiança, como um filho que ama, reconhece a paternidade de Deus e conversa com Ele de coração a coração!

Por termos sido criados pelo Pai, há ainda uma segunda consequência da nossa criação: sermos templo de Deus. A beata Elisabete da Trindade, monja carmelita, dizia "Todo o meu exercício consiste em entrar em mim mesma", porque podia contemplar sua beleza interior, onde morava a Santíssima Trindade. Reconhecendo-se templo de Deus, você deve ter em conta a necessidade de sempre cuidar de seu corpo e de sua alma. Cada um de nós deve ter a consciência de que é uma tela de projeção e espelho da perfeição divina para as outras pessoas: como somos católicos, os outros esperam ver em nós o reflexo de Deus e projetam em nós suas expectativas; devemos estar preparados sempre para isso.

A terceira consequência da nossa criação é o chamado para vivermos o Paraíso. Nenhuma palavra humana consegue expressar o que deve ser o Éden reservado a nós: um Céu que representa a felicidade sem fim e que não depende de nada material. Deus nos prepara o Paraíso para eternamente convivermos com Ele e desfrutarmos de todos os benefícios de filhos.

Que o Céu seja a sua meta! Que você possa rezar o Pai-Nosso e usar as coisas terrenas contemplando as coisas do Alto, tendo Deus como centro e razão da sua vida. Que você reconheça a beleza de ser criação e obra do Pai e, assim, agradeça diante dele de todo o coração: "Obrigado(a), Senhor, por ser seu filho (sua filha)".

8

Mostra-nos o Pai

"Disse-lhe Filipe: 'Senhor, mostra-nos o Pai e isso nos basta.' Respondeu Jesus: 'Há tanto tempo que estou convosco e não me conheceste, Filipe!'"

(João 14,8-9)

Por que Filipe pede a Jesus que lhe seja mostrado o Pai? A razão é simples: Jesus falava constantemente a seus discípulos sobre o Pai, demonstrando uma profunda intimidade com Ele e um relacionamento que indicava um Deus muito próximo e amoroso.

Seu relacionamento com Deus basta a você? Deveria bastar. A figura divina deve dar a certeza de que nada pode perturbar nosso coração quando temos um Pai que nos sustenta. A vida de um cristão que reconhece Deus como Pai se transforma quando ele se deixa conduzir pela mão e pelo amor desse Deus paterno.

Para chegar a esse reconhecimento, é preciso que entre vocês exista uma relação de intimidade e que ela parta do seu interior. Isso se dará através da sua oração, que deve ser uma contínua forma de expressar quanto você deseja estar próximo de Deus. Nada de relações forçadas ou interesseiras com o Senhor.

Aquele que crê em Jesus busca o Pai; aquele que busca o Pai, Ele o revela a Jesus. Por isso, Cristo questiona o pedido de Filipe, já que Deus está presente no Filho o tempo todo. Santo Irineu, no *Tratado contra as heresias*, nos coloca a seguinte frase: "O Pai revelou o Filho para se dar a conhecer a todos por meio dele".

Que possamos ter sempre uma atitude de cristão filho de Deus. Que, ao ficarmos de joelhos diante dele, possamos reconhecê-lo como o Todo-Poderoso, o Onipotente, o Onipresente, a quem devemos todo o respeito. O Papa Francisco nos lembra: "Cada vez que seguimos o nosso egoísmo e dizemos não a Deus, arruinamos a sua história de amor conosco". Não permita que essa bela história seja arruinada por não reconhecê-lo como Pai.

Jesus recorria a Deus a todo momento, fazia com que Ele estivesse sempre muito próximo, como um pai que conhece bem as necessidades e preocupações de um filho. Sua relação com Deus deve ser assim também: simples, íntima e constante. Nesse relacionamento, a Santíssima Trindade se faz presente, unindo-se numa direção única, pois a vida espiritual é um "encontrar-se" com Deus através de Jesus por obra do Espírito Santo. Que, ao dizer "Pai", essa palavra entre em sua mente e em seu coração através de Jesus, e em todo seu ser através do Espírito Santo.

Jesus disse aos seus apóstolos: "Eu sou o caminho, a verdade e a vida; ninguém vem ao Pai senão por mim. Se me conhecêsseis, também certamente conheceríeis meu Pai" (João 14,6-7). Você conhece Jesus? Talvez a sua resposta seja "sim", mas você conhece o Pai tal como Jesus fala nessa passagem de João?

Suplique agora em oração: "Pai, revela-me teu rosto através de Cristo, por meio do Espírito Santo. Pai, eu preciso de ti. Tira de mim qualquer sentimento que não seja filial ao dirigir-me a ti. Tira de mim toda a obrigatoriedade e tudo que não seja amor para que eu me dirija a ti, sabendo que Tu me queres, que me amas e que me acolhes sempre como filho. Amém!"

Ao entender nossa relação com Deus assumindo-o como Pai, passamos a fazer coisas grandiosas que vão além da nossa imaginação. Passamos a entender o que Jesus diz em João 14,15: "Se me amais, guardareis os meus mandamentos". Os mandamentos não serão mais uma camisa de força para nós, pois compreenderemos que, nessa relação de pai e filho, Deus deixa de ser uma obrigação, um cumprimento de normas e proibições e passa a fazer parte do nosso ser.

Uma vez, conversando com uma pessoa, ela me disse: "Ah, padre, eu escolho os mandamentos que eu quero viver, porque há alguns com que eu não estou de acordo". E eu respondi: "Mas então você escolhe os mandamentos? Você não aceita os mandamentos que Deus deu para você?". Nós cumprimos muitas leis que regem a nossa sociedade. Por que deveríamos ter uma adesão seletiva à nossa fé?

Talvez a sua relação com o Pai seja um pouco afastada; talvez você veja nele um Deus justiceiro, que fica cheio de raiva quando alguém faz uma coisa errada. Mas Jesus veio para mostrar que o Senhor é misericordioso e que há uma história de amor a ser vivida entre você e Deus. E é por isso que Jesus clama pelo Pai, porque entre Eles existe uma história de amor real, viva e tão maravilhosa que, quando também nós nos deixamos penetrar nela, nos apaixonamos e também nos envolvemos por esse amor uno e divino.

Deus Pai nos quer em sua presença. Ele está dentro de nós e

quer se encontrar conosco na nossa intimidade, quando fechamos a porta de casa, do quarto, do carro. É verdade que os melhores momentos de encontro com o Pai acontecem diante da Eucaristia, mas também é preciso crer e sentir a presença de Deus em nosso cotidiano.

Creia nesse amor que tranquiliza, que fortalece e que transforma.

2º PASSO

Experimente o amor de Deus

9

Perseverando no caminho

"Como o Pai me ama, assim também eu vos amo. Perseverai no meu amor."

(João 15,9)

Agora seu coração está aberto e você experimentou o encontro com Jesus. Mas não ache que o principal já passou. Após o encontro, o mais difícil é manter a chama acesa, manter-se próximo do Pai, do Filho e do Espírito Santo. É importante perseverar em meio às tentações e não cair no desânimo, no automatismo. Você deve seguir nos Exercícios Espirituais.

Tenho como grande exemplo meus pais, que nasceram no interior do Ceará e viveram em um ambiente de fé e de luta para se superarem na vida. Com eles aprendi a amar o desafio e a não me conformar com o já alcançado. Deles recebi o estímulo para nunca me conformar com minha espiritualidade, para nunca me achar superior, santo ou suficiente.

A vida espiritual é inexplicável. Há diversas literaturas que oferecem pistas para um encontro com Deus, mas, na prática, ele se dá de forma muito pessoal, pois ninguém pode fazê-lo por você; é um trabalho lento e exclusivo seu.

A oração nos faz perseverar no caminho e não deve ser para nós um ritual anônimo, mas um diálogo de coração a coração com Deus, um repouso nos braços do Pai. E será a partir de uma oração perseverante que iremos descobrir a nossa vocação em Cristo, que é o amor. Somente através da perseverança começará a brotar em nós uma felicidade que este mundo não pode dar.

Muitos católicos abandonam sua fé porque deixam de colocar Cristo como centro de suas vidas; a base de suas crenças passa a ser, por exemplo, a pessoa de um sacerdote, e não suas experiências pessoais com Deus. Esses são católicos só de nome, que "batem ponto" na missa e pensam que há uma máquina no Céu que contabiliza as suas participações. O mundo atual tende a nos levar a um utilitarismo que exige de nós uma atenção redobrada. O Papa Bento XVI, ainda como cardeal, disse em 1996, durante um encontro episcopal da América Latina, que nossa maior ameaça é "o medíocre pragmatismo da vida cotidiana da Igreja, no qual, aparentemente, tudo procede com normalidade, mas na verdade a fé vai se desgastando e degenerando em mesquinhez". Ou seja, corremos o risco de praticar nossa fé de forma mecânica e sem alma, apenas para cumprir preceitos, na correria, com a cabeça nas coisas do mundo.

Tente identificar onde e em que a sua fé se baseia: mais no humano ou no divino? Se a sua resposta for a primeira opção, será impossível perseverar. Mas Deus não se mantém passivo diante das suas dúvidas e dos seus medos; pelo contrário, Ele recebe os seus sofrimentos e ajuda você a suportá-los: "Vinde a mim, vós todos que estais aflitos sob o fardo, e eu vos aliviarei" (Mateus 11,28).

Quando, na oração, colocamos nossas dificuldades, nossa vida e tudo aquilo que trazemos conosco, Deus recebe. São Paulo nos exorta em Colossenses 1,11-13: "Confortados em tudo pelo seu glorioso poder, tenhais a paciência de tudo suportar com longanimidade. Sede contentes e agradecidos ao Pai, que vos fez dignos de participar da herança dos santos na luz. Ele nos arrancou do poder das trevas e nos introduziu no Reino de seu Filho muito amado".

Há um momento no início da Santa Missa chamado de Oração da Coleta, logo após o Glória, quando o padre fala "Oremos". Muitos católicos desconhecem seu verdadeiro sentido. Ali, o sacerdote tem como missão recolher, como se fosse em uma bolsa, todos os pedidos individuais dos fiéis presentes, suas alegrias, tristezas, desejos, conquistas, enfim, tudo o que cada um leva à celebração. Depois, o padre eleva tudo aos céus. É Deus nos dando a oportunidade de lhe transferir todo o nosso fardo; Ele não fica apenas esperando que batamos à sua porta, mas nos diz: "Deixe a porta aberta para que Eu entre e em você faça morada!"

Deus pede que sejamos como crianças em seus braços, levados para onde o Pai quer, numa relação que só pode ser estabelecida com base na intimidade e na confiança filial. Estar com Ele levará você a descobrir suas maravilhas e poder adiantar, desde já, o Céu na Terra. Você crê nisso?

Como disse São Gregório de Nissa, "devemos contemplar incessantemente a beleza do Pai e impregnar dela a nossa alma". Assim, seremos realmente à sua imagem e semelhança, espelho de caridade e misericórdia.

Persevere no amor de Deus e peça ao Senhor a graça de que sua alma seja uma com Ele. Esse é o desejo dele, que ama você desde sempre e para sempre.

10
O ser humano tem sede de amor

"De longe me aparecia o Senhor:
amo-te com eterno amor,
e por isso a ti estendi o meu favor."

(Jeremias 31,3)

Os amores deste mundo podem passar, mas o amor de Deus não passa. As certezas deste mundo podem falhar, mas a certeza de Deus não falha. Porém, o amor tem que ser renovado todos os dias para que permaneça definitivamente em nosso coração e em nosso relacionamento com Deus.

A pessoa que não ama fica inquieta, perdida e não sabe por onde anda. Sua vida parece não ter sentido. Todos temos sede de amor! Se pudéssemos sempre ter em mente as seguintes passagens do profeta Isaías, caminharíamos de maneira bem diferente:

"Nada temas, pois eu te resgato, eu te chamo pelo nome, és meu. És precioso a meus olhos, porque eu te aprecio e te amo." (Is 43,1.4)

"Mesmo que as montanhas oscilassem e as colinas se abalassem, jamais meu amor te abandonará." (Is 54,10)

Se pudéssemos viver esses versículos com confiança em nosso íntimo, não nos sentiríamos sozinhos ou amedrontados diante de tribulações ou de tomadas de decisão.

As certezas humanas são intranquilas e incertas. Podem nos dar alguma segurança no início, mas sempre haverá uma dúvida quanto a sua plenitude, pois o coração humano busca e tem sede de um amor somente encontrado em Deus.

O ser humano sofre de diversas paixões, como orgulho, vaidade, egoísmo, sentimentalismo, preguiça, cobiça e luxúria, que na maioria das vezes fogem ao controle e passam a dominar o homem. As paixões são mentiras que nos fazem acreditar que os amores deste mundo conseguem nos satisfazer. Não há aqui a intenção de tirar do ser humano a sua capacidade de amar; ao contrário, se o amor de Deus Pai entra em nossa vida, amamos mais no matrimônio, amamos mais e melhor como filhos, como sacerdotes, como freiras ou consagrados à vida religiosa. Em Cristo, amamos mais e melhor em nossa vocação, seja ela qual for.

Quando entendemos com o coração, e não com a mente, o amor de Deus tão bem-explicitado pelos profetas Isaías e Jeremias, conseguimos dizer como Maria: "Faça-se em mim!". Isso porque Maria amou livremente, sem obrigação.

A liberdade é a condição essencial para viver um amor pleno e verdadeiro. Por essa razão, Deus nos concedeu o livre-arbítrio e, principalmente, a liberdade para o amor.

Maria foi quem melhor soube amar. Ela deu o seu "sim" a Deus não porque se sentiu obrigada, mas porque se sentia amada. O amor de Deus por Nossa Senhora não foi percebido por ela só no momento da Anunciação, mas desvelado lentamente ao longo da sua vida.

Sem a certeza do amor de Deus não podemos perseverar na fé.

Mesmo que o ser humano não compreenda plenamente o que disseram os profetas, Deus segue com seu amor abundante. Reflita, medite e deixe que o Espírito Santo revele o amor que o Pai tem por você.

11

Desperte para o amor de Deus Pai

"O Senhor Deus deu-me a língua de um discípulo para que eu saiba reconfortar pela palavra o que está abatido. Cada manhã ele desperta meus ouvidos para que escute como discípulo."

(Isaías 50,4)

"Desperta, tu que dormes!", exclama o apóstolo São Paulo em Efésios 5,14. Essa é a palavra de ordem nesta meditação. Peça ao Espírito Santo que conceda a você a capacidade de reconhecer o amor que Deus Pai tem por você; é importante que você tenha a certeza desse infinito amor do Pai.

O Papa Francisco diz a seguinte mensagem para cada um de nós: "Deus nos ama. Não devemos ter medo de amá-lo. A fé se professa com a boca e com o coração, com a palavra e com o amor". Nós nos sentimos indignos desse amor? Achamos que, se nos comprometermos com Deus, perderemos nossa liberdade? Ou nem mesmo percebemos esse amor em nossas vidas e no nosso dia a dia?

Vamos nos livrar das amarras! Que o seu coração desperte, que você possa olhar para as coisas do Alto com desejo inflamado de buscar e encontrar Deus.

No livro *Discurso del Padrenuestro* [Discurso do Pai-Nosso], o sacerdote e teólogo José María Cabodevilla descreve com clareza como, muitas vezes, nos expressamos com relação ao amor de Deus por nós:

> *Eu digo "Deus é meu pai" como se estivesse dizendo "Paris é a capital da França". Digo com o mesmo tom de voz, com o mesmo automatismo com que se anunciam as verdades escolares, com a mesma irresponsabilidade, com a mesma convicção. Digo "Deus é meu pai" e não experimento emoção alguma. Nem ternura, nem gratidão, nem alegria, nem orgulho. Mas, se reparar bem, nesse momento havia razões de sobra para morrer de ternura, de gratidão, de alegria.*

Sim, se Deus Pai se revelar a nós na mesma intimidade que tinha com Jesus, morreremos de alegria!

Lembro-me de uma história que um senhor na Espanha me contou. Ele foi sequestrado e, depois de vários dias preso, sofreu uma transformação: foi tomado por uma serenidade mental e espiritual. Ele dizia em seu coração: "Deus é meu Pai, que feliz eu sou!". Repetiu essa frase por todos os dias no cativeiro e depois testemunhou que só sobreviveu a tudo aquilo porque tinha a certeza do amor de Deus por ele.

Não existem amores nesta terra capazes de chegar à plenitude. Eles são apenas lembranças e sombras se comparados ao amor que o Pai tem por nós. Devemos despertar e deixar toda a sonolência espiritual o quanto antes!

Na minha caminhada vocacional, Deus me chamou a atenção pela primeira vez enquanto eu treinava para uma regata muito importante no Rio de Janeiro. De repente, houve uma tempestade muito forte e minha embarcação virou, jogando toda a equipe na água. Nesse momento, vinha um petroleiro enorme na minha direção. Salvei-me por um milagre, resgatado por meu primo em um barco a motor.

Por minha história de resistência à vocação sempre ligada ao mar e a tormentas, costumo dizer que me sinto como o profeta Jonas, que foi engolido por uma baleia e precisou passar por provações para aceitar a vontade de Deus.

E você, aceita a vontade de Deus? Aceita a presença dele em sua vida? Se você se encontra afastado dele, estes Exercícios Espirituais são um meio que Ele usa para chamar, resgatar você.

Olhe para o céu e diga: "Deus me ama, Deus dá a vida por mim. Se eu caminhar no fogo, esse fogo não me queimará. Se passar por um rio, não me afogarei, pois Deus está comigo, porque Ele me ama, Ele dá a vida por mim!"

Não vamos nunca experimentar a solidão se o amor de Deus for para nós revelado. Ele transforma tudo em bem. Algumas certezas e verdades humanas não são consistentes, pois se baseiam em poder, dinheiro, fama, orgulho e vaidade, enfim, coisas que passam. Qual é a sua certeza mais importante? Não tenha dúvida: o amor de Deus!

"Nada te perturbe, nada te espante, tudo passa! Só Deus não muda. A paciência, por fim, tudo alcança. Quem a Deus tem, nada lhe falta, pois só Deus basta", dizia Santa Teresa D'Ávila.

Acorde! Deixe que a sua confiança filial cresça. Atreva-se a orar o Pai-Nosso assumindo a sua condição de filho, porque o amor de Deus por você é eterno.

12
Um coração inflamado

*"Tudo o que pedirdes ao Pai
em meu nome, vo-lo farei."*

(João 14,13)

Peça a Deus que se revele como Pai a você. Abra o seu coração e deixe-o criar uma relação de intimidade que excede o humano.

O que o Pai pode negar na oração de seus filhos? Quando Deus inflama um coração, tudo se transforma! É uma bênção pessoal, imensa, inestimável, a melhor que se pode ter nesta terra.

Há uma comparação interessante sobre o amor de Deus por nós: imagine os amores humanos como toras de madeira agrupadas em um monte bem alto. O amor de Deus é a chama que gera o fogo gigantesco nelas. Às vezes damos importância às brasas dos amores humanos, mas faltam as labaredas do amor do Pai, que vêm para incendiar a alma. Inflamado, nosso coração de pedra é transformado em um coração de carne que se torna capaz de amar de maneira diferente.

Peça a Deus que transforme em você todas as formas de

amor não correspondidas. Que os vazios de sua alma sejam ocupados pela chama divina, que consome paixões frívolas e transforma as faíscas em realizações no amor de Deus. Tudo se transforma, tudo cresce, tudo ganha nova cor. Todas as coisas se fazem novas quando amamos em Cristo!

Só o Pai tem amor pleno e infinito por nós. Tenhamos em mente a importância de Nossa Senhora, dos anjos e dos santos como intercessores em nossa vida, mas lembrando que eles são apenas um caminho para chegarmos a Deus. Devemos venerá-los, mas nunca adorá-los, nutrindo uma sagrada devoção a eles. Todos os santos desejam que tenhamos um encontro íntimo com o Pai na Santíssima Trindade, pois sempre se sentiram amados por Ele. Por isso, nossa oração tem potência quando é filial, e não automática.

Num coração inflamado pelo amor de Deus passam a brotar virtudes antes desconhecidas pela pessoa. A primeira delas é a infinita gratidão e o reconhecimento de que recebemos tudo de Deus com muita gratuidade, e passamos a valorizar os bens, os dons, as graças. Não merecíamos ter sido criados, tampouco redimidos; tudo é obra do amor do Pai. Devemos nos acostumar a dizer constantemente: "Obrigado(a), Senhor!"

Uma segunda virtude é a de "resposta ao amor". Santa Teresinha dizia "minha vocação é o amor" porque, sendo um dom, um presente de Deus, constitui-se na melhor resposta que podemos dar ao Pai. Não há outra forma de "pagar" a Ele! Quando nossas ações são feitas por amor e para amar, começamos a "saldar dívidas". O amor são obras, e não apenas boas razões.

Outra virtude que brota num coração inflamado é a pertença. Somos criados pelo amor de Deus Pai; a Ele tudo devemos, a Ele nós pertencemos. Lembre que não só os sacerdotes e religiosos são chamados a ser totalmente de Deus, mas todas as pessoas do mundo.

A obediência é mais uma das virtudes. A vida se realiza na obediência a Deus e aos mandamentos que Ele nos revelou, que por sua vez conduzem a alma a uma verdadeira liberdade e, consequentemente, ao sentimento de filiação.

Portanto, alguém com um coração inflamado tende a comportar-se como um verdadeiro filho de Deus, que confia e espera nele.

Dizia São Cipriano: "Quando damos a Deus o nome de Pai, temos de agir como filhos". Deixe seu coração ser inflamado com o fogo do amor e veja as transformações em sua vida.

O amor de Deus nos realiza. Amém!

13

Paciência para realizar os planos de Deus

"Nós que esperamos o que não vemos, é em paciência que o aguardamos."

(Romanos 8,25)

Neste Caminho da Luz, já falamos muito sobre o amor, ainda que nunca seja o suficiente – por isso, voltaremos a ele em outros capítulos. Seguindo pelos Exercícios Espirituais, quero agora abordar duas virtudes muito importantes, a paciência e a misericórdia, que estão intrinsecamente ligadas ao amor.

A paciência é necessária para alcançarmos os planos de Deus e entendermos a missão que Ele tem para cada um de nós. Você deve estar se perguntando: "Qual é a vontade de Deus para mim?" Isso não é nada fácil de discernir, mas sem dúvida a sua disposição e abertura de coração farão a diferença para que o Espírito Santo possa agir em você.

No segundo capítulo do Livro do Eclesiástico, lemos os seguintes trechos sobre a paciência:

> *Meu filho, se entrares para o serviço de Deus, humilha teu coração, espera com paciência, dá ouvidos e acolhe as palavras de sabedoria; não te perturbes no tempo da infelicidade, sofre as demoras de Deus; dedica-te a Deus, espera com paciência, a fim de que no derradeiro momento tua vida se enriqueça. Aceita tudo o que te acontecer. Pois é pelo fogo que se experimentam o ouro e a prata.*

O olhar do Pai está voltado para nós, mas, para a realização de seus planos em nossa vida, precisamos respeitar o seu tempo, que não é igual ao nosso. Não podemos transformar o tempo divino em tempo humano, sob risco de atropelarmos o que Deus nos prepara. Devemos seguir o ritmo do Pai, e não querer que Ele siga o nosso passo – seria muita arrogância, não?

Na minha vida, tenho diversas histórias em que os meus planos e os planos de Deus divergiram. Quando era jovem, queria especialmente entrar para a Força Aérea, pois meu irmão era piloto de aviões de guerra e minha irmã casara-se com um piloto. Comentei sobre a ideia com meus pais e eles gostaram muito. Fiz o concurso para a Marinha e fui aprovado, fiz para o Exército e fui aprovado, depois para a Aeronáutica... e não fui aprovado. Não era a vontade de Deus; Ele já tinha tudo planejado para mim no mar, como um Jonas.

Repetidamente, lemos nas Sagradas Escrituras: "Espera no Senhor, tende coragem", mas como praticamos isso no nosso cotidiano? Como está o seu interior agora? Agitado pela impaciência, aflito por conseguir muitas coisas e talvez se esquecendo de amar?

Vivemos numa sociedade onde reina a pressa. Queremos sempre apressar a resolução de assuntos pessoais e profissionais, provocando, assim, ansiedade e muitos outros problemas. Há muitas informações circulando sem tempo para reflexão, por isso exigimos velocidade de resposta para tudo. Esperar é difícil e nos esquecemos de ensinar a nossos filhos que é necessário ter paciência. Precisamos redescobri-la e exercitá-la, pois sem ela não se realizarão os planos de Deus em nós.

No livro *Conversión, penitencia y renovación* [Conversão, penitência e renovação], o Papa Bento XVI, ainda como cardeal Ratzinger, nos alerta para um mal do nosso tempo: o desejo de êxito e resultados a todo custo. Para ele, "só pela paciência amadurecemos por dentro, nos tornamos livres para nós mesmos e para Deus".

O segredo está em seguir o ritmo que o Espírito Santo sussurra em nossa alma. Somos induzidos a fazer muitas atividades para poder "amar muito", mas, na verdade, deveríamos entender que o mais importante é fazer tudo com qualidade, sem se perder, aceitando os desafios que nos são colocados pelo Pai.

Respeitar o tempo de Deus, as demoras do Senhor, e compreender que o nosso tempo não é o tempo dele: esse é o Caminho da Luz! Reflita sobre os momentos em que você quis ignorar os planos divinos e, quis, talvez, até ser deus de si mesmo.

Deixe que o Senhor tome o primeiro lugar na sua vida, Ele que é Pai e sempre sabe o que é melhor para seus filhos.

14

A virtude da paciência

"Nós nos gloriamos até das tribulações. Pois sabemos que a tribulação produz a paciência, a paciência prova a fidelidade e a fidelidade, comprovada, produz a esperança."

(ROMANOS 5,3-4)

De fato a paciência tem grande importância na vida espiritual. Logicamente, não devemos colocá-la como centro de todas as virtudes, já que várias contribuem para nosso crescimento e maturidade, mas, sem a paciência, nunca estaríamos aptos a descobrir e realizar os planos de Deus para nós.

Segundo Santo Tomás de Aquino, "a paciência pode aturar males de qualquer espécie". Que valor tem a paciência em sua vida? O acúmulo de tarefas e essa marcha louca exigida por nossa sociedade fazem com que percamos de vista os desígnios de Deus. É preciso vigiar e orar para não cairmos na roda viva do nosso tempo. Como podemos esperar que Deus revele seus planos se somos impacientes? Como adquirir sabedoria se a impaciência impera em nosso coração? A paciência e a sabedoria andam de mãos dadas.

A paciência é um diamante, pois, com ela, a alma resiste a toda adversidade. Ela é um remédio que cura todo ferimento. Ser paciente significa não deixar que a serenidade seja arrebatada da nossa vida, não deixar que as feridas causadas por pessoas e acontecimentos tirem de nós o desejo de buscarmos nossa missão em Cristo. O Papa Francisco já nos instruía: "Estamos irritados com alguém? Rezemos por essa pessoa. Isso é amor cristão". Assim, praticamos a paciência com nosso próximo.

Se isso tudo não é o suficiente para que você se convença da preciosidade da paciência, veja o que Santo Inácio de Antioquia disse: "Vosso batismo há de permanecer como escudo, a fé como capacete, o amor como lança, a paciência como armadura". Já o poeta Giacomo Leopardi afirmou que "a paciência é a mais heroica das virtudes, justamente por não ter nenhuma aparência de heroísmo".

As pessoas pacientes, na maioria das vezes, não são reconhecidas como heroínas, já que o heroico mundano parece estar associado a realizações imediatas. Porém, a paciência não é uma virtude das pessoas mais fracas; pelo contrário, as mais fortes são aquelas que conseguem suportar mais as "demoras" de Deus. Não se trata, é claro, de esperar de braços cruzados, mas praticar uma espera vigilante, atuante. Como costuma se dizer: "Rezar como se tudo dependesse de Deus, agir como se tudo dependesse de você".

Conta-se que, em um concerto, uma mulher ficou admirada com Chopin, com o modo como tocava pacientemente até ter total domínio sobre o piano. Ela o elogiou e o pianista respondeu que provavelmente não tinha mais paciência que qualquer outra pessoa; a diferença era que ele sabia empregá-la como era devido. Inclusive, uma das famosas frases do também compositor é "o tempo é o melhor decisor, e a paciência o mais excelente professor".

Há muitos meios de praticar a paciência no cotidiano, como aguentar amorosamente o choro de uma criança, receber o marido ou a esposa com alegria em casa após um dia cansativo... Exercitando a paciência, evitamos que os fatos atropelem o curso da vida. Não seja indiferente diante da paciência que lhe for solicitada; ela é um hábito recompensador.

São Zenon nos deixou escrito assim: "Ó paciência, como gostaria de exaltar-te por ser a rainha de todas as coisas! Tu és a coroa cotidiana e mãe dos mártires; tu és o muro da fé, fruto da esperança, amiga da caridade! Feliz, eternamente feliz, é quem sempre te tem consigo". Que essa citação leve você a entender o valor que tem a contemplação e, principalmente, a vivência dessa virtude.

De maneira paciente, junto com Deus Pai, que você possa dar pequenos e constantes passos na caminhada de fé descobrindo diariamente todas as maravilhas que o Senhor quer operar.

Não se canse de fazer o bem e não se canse de esperar, pois as promessas de Deus sempre se realizam no tempo certo.

15

A misericórdia divina

"Louvai o Senhor, porque Ele é bom; porque eterna é a sua misericórdia."

(SALMOS 117,1)

Deus nos conhece eternamente. Ele observa nossas quedas e fracassos e, atento ao nosso cansaço e conhecendo a nossa imperfeição, se compadece de nós por ser capaz de enxergar muito além de nossas faltas: Deus é rico em misericórdia.

Ao contrário do Criador, o homem pauta suas medidas pelo egoísmo e pelo famoso "olho por olho, dente por dente". O ser humano tem o hábito de criticar o próximo e leva sempre em conta aquilo que observa nas atitudes externas do outro sem considerar seus limites, dificuldades e realidades pessoais. Dizia Madre Teresa de Calcutá: "Quem julga as pessoas não tem tempo para amá-las". Quantas vezes não agimos dessa forma e medimos os outros? Nós os olhamos e os julgamos, porém sempre conforme os nossos critérios.

A medida divina vai além dos critérios humanos e, por essa razão, é difícil entender Deus racionalmente. Deus se entende, antes, com o coração. O cardeal Ratzinger nos recordava que um católico não pode sobreviver de uma experiência mental de Cristo, ele precisa de uma experiência que passa pelo amor. A essa afirmação, eu acrescentaria que é preciso passar pela experiência da misericórdia.

Desde o século XIII, pela *Suma teológica*, de Santo Tomás de Aquino, são conhecidos os atributos de Deus, como a onipotência, a onisciência e a onipresença, mas somente no século XX é que Cristo revela à Santa Faustina Kowalska que o maior de seus atributos é a misericórdia, provocando uma verdadeira revolução na história da teologia.

Se Jesus disse "sede perfeitos, assim como vosso Pai celeste é perfeito" (Mateus 5,48), Ele nos chama à perfeição também na misericórdia. Acreditar na misericórdia divina é um dos compromissos que devemos ter com o nosso próximo, com nós mesmos e, claro, com Deus. Somos misericordiosos como Ele é misericordioso? A verdade indiscutível foi muito bem expressa pelo Papa Francisco na Exortação Apostólica *Evangelii gaudium*: "Deus nunca se cansa de perdoar, somos nós que nos cansamos de pedir a sua misericórdia".

Quando, no confessionário, nos colocamos contritos diante de Deus, depositamos nossos pecados nas mãos do Senhor, e eles, por maiores que sejam, se tornam uma gota no oceano da misericórdia divina. Eu, como sacerdote, me deparo com pessoas "apegadas" aos seus pecados, que não confiam no perdão de Deus. Percebo que, depois da confissão, elas lutam e desejam se entregar, mas não creem totalmente na piedade divina porque ainda não vivem a paz do Senhor em seu coração.

Costumo dizer aos fiéis que, quando alguém busca a confissão, é Deus quem os busca, é Ele que vai ao encontro das ovelhas perdidas, carrega-as em seus ombros e as leva ao santuário do confessionário. Ao colocar-se de joelhos diante de um sacerdote, ainda que haja uma decisão pessoal, predomina o desejo de Jesus, o Bom Pastor, que quer resgatar a sua ovelha. O convite de Jesus é para sermos misericordiosos tal como Ele é, para que o nosso colo seja a imagem da misericórdia divina para muitas pessoas, inclusive para os inimigos.

Também nós precisamos do colo dos nossos pais ou daquele amigo mais próximo. E como é belo o casal que vivencia o perdão no matrimônio! Quando estamos plenos da misericórdia divina, perdoamos todas as pessoas. No entanto, em alguns casos, é mesmo necessário manter uma distância prudente dos que nos fazem mal e nos causam um grande desconforto. Porém, o nosso coração deve estar sempre disposto a acolher a quem quer que seja, independentemente da proximidade física.

Quando dou essa orientação aos fiéis, eles suspiram e exclamam: "Como assim, padre?". Mas Deus não faz assim conosco? Quantas vezes Ele já nos acolheu? Quantas vezes já pecamos? Inúmeras vezes, e Deus segue nos perdoando. E por que não tratamos da mesma forma os irmãos? Sei que é muito difícil, mas se trata de um exercício constante e uma prática do bem que nunca acaba.

Uma das razões que me faz amar minha vocação é a confissão. Amo entregar às pessoas aquilo que Deus me dá em abundância: a sua misericórdia. Por isso, querido irmão, querida irmã, é hora de não temer. O padre está ali na figura de Cristo e não julgará você, mas apenas dará conselhos e a bênção do perdão. Ainda que você esteja há muito tempo sem se confessar, busque um sacerdote e encontre-se com Deus.

Como cristãos, somos chamados a acolher o perdão e a ser misericordiosos com todos.

16

Servindo a Jesus misericordioso

"Deus, que é rico em misericórdia, impulsionado pelo grande amor com que nos amou, deu-nos a vida juntamente com Cristo."

(EFÉSIOS 2,4-5)

Ao meditarmos a respeito da soberania da cruz de Cristo, podemos contemplar a vitória da misericórdia divina sobre o nosso pecado. Por isso, neste momento, Santo Inácio de Loyola nos propõe um encontro com Jesus na cruz.

Muitas vezes temos medo de Jesus Crucificado, mas não é possível idealizar um Cristo que não tenha passado pela cruz. Os sofrimentos que Deus nos permite viver devem ter um sentido redentor em nossa vida. Não podemos deixar que o tempo passe sem aproveitar cada segundo para nos redimir e redimir outras almas.

Temos que amar por aqueles que não amam, adorar a Deus por aqueles que não adoram e consolar a Jesus e Maria por aqueles que não os consolam. Não seriam essas as atitudes de um cristão para com seus pais e irmãos?

A vitória em Cristo foi declarada no Calvário, lugar da nossa salvação. Atualmente, ele é visitado por muitas pessoas, que experimentam, no seu coração, a redenção de Jesus. Em uma de minhas peregrinações à Terra Santa, lembro-me de um garotinho que não parava quieto. Ele se soltava da mãe, ia até o altar construído sobre o Calvário, voltava, e ficava nessas idas e vindas, como se dissesse a todos os peregrinos: "Estejam atentos, estamos num lugar da declaração da vitória de Jesus!" E essa declaração de vitória deve ser assinada por todos nós.

Quanto mais tocados formos pela cruz do Senhor, mais seremos tocados pela sua misericórdia. E tanto mais seremos solidários com o sofrimento alheio e estaremos disponíveis a servir a Jesus no próximo. Ele espera de nós uma resposta de confiança. Ele deseja que saltemos, que mergulhemos fundo na sua misericórdia.

Cada encontro com Jesus Crucificado nos permite um encontro com a piedade divina, por isso é importante carregar conosco e ter em nossa casa um crucifixo para contemplar Cristo em sua Paixão.

Ainda como cardeal Ratzinger, o Papa Bento XVI nos convida a aprender sempre, e de uma nova forma, a espiritualidade da cruz em seu livro *Un canto nuevo para el Señor* [Um canto novo para o Senhor]: "Se não exercitamos a cruz, como vamos resistir quando nos pendurarem nela?". Já durante o pontificado, na Audiência Geral de 1º de junho de 2005, ele nos lembrava que Jesus enfrentou a morte de cruz "querendo desta forma ser verdadeiramente irmão de cada homem e de cada mulher".

Negar a cruz é negar o Senhor; não é possível aceitar somente o Cristo Ressuscitado. Se não nos encontramos com a espiritualidade da cruz, estamos negando o Cristo que passou por ela e talvez queiramos vivenciar em nós somente a beleza que vemos na ressurreição, sem reconhecer o esplendor da crucificação.

Vejo até mesmo alguns pais com medo de apresentar Jesus na cruz aos seus filhos. Porém, a criança que tem esse encontro torna-se capaz de aceitar as dificuldades, as dores e as cruzes que a vida fatalmente irá lhe impor.

A cruz não deve ser para o cristão um sinal de dor ou medo, mas um sinal de amor a Jesus. Por isso, não devemos descuidar de nossa proximidade com o Senhor, para que não o abandonemos e para que, em nossa cruz, sejamos crucificados com Ele e nos sintamos redimidos e salvos.

Por que o medo? Como diz São Paulo, a linguagem da cruz pode parecer loucura, mas nela se revela a força de Deus (I Coríntios 1,18).

Ousemos dizer: "Bendita cruz, bendito sofrimento. Salve, ó cruz, esperança única!". Ao lado de Jesus tudo é possível, pois teremos sempre a certeza da vitória.

3º PASSO

Veja Deus em toda a sua criação

17

No mundo mas sem ser do mundo

"Tema ao Senhor toda a terra; reverenciem-no todos os habitantes do globo. Porque ele disse e tudo foi feito, ele ordenou e tudo existiu."

(Salmos 32,8-9)

Já estamos mergulhados no amor de Deus. A experiência de abrir o coração e encontrar o Senhor é magnífica, disso não há dúvida. Mas, para que o relacionamento com o Pai seja completo, é necessário que nos aprofundemos também na relação com o nosso próximo e com toda a criação. Deus nos criou para o amor, para servi-lo nesta vida e na eternidade, e isso implica conviver bem com os nossos irmãos.

No "Cântico das criaturas", São Francisco de Assis entoa: "Louvado sejas, meu Senhor, pela nossa irmã, a mãe terra, que nos sustenta e governa e produz variados frutos com flores coloridas e verduras". Ou seja, devemos ver a Terra, a natureza, como parte do plano de Deus, integrada a nós e aos irmãos em Cristo.

Quem de nós não fica maravilhado com o esplendor e a beleza do Universo? Basta elevar os olhos para o céu numa noite estrelada, basta olhar para nós mesmos, para o perfeito funcionamento de nosso corpo, o ar que respiramos, o sorriso de uma criança... Observemos as pessoas que Deus coloca ao nosso lado, o amor que podemos ter uns pelos outros. Quantas maravilhas, quantas bênçãos de Deus para nós!

Somos o centro da criação divina e todas as outras criaturas foram feitas para nós, mas devemos fazer bom uso delas. Na sua segunda encíclica, *Laudato si'*, o Papa Francisco trata da nossa relação com a criação e destaca o mal que lhe provocamos devido ao uso irresponsável e ao abuso dos bens colocados por Deus: "Crescemos a pensar que éramos seus proprietários e dominadores".

São João Paulo II também faz um alerta em sua primeira encíclica, *Redemptor hominis*, comentando que o ser humano parece achar que o meio ambiente serve "somente para os fins de um uso ou consumo imediatos".

Em seus Exercícios Espirituais, Santo Inácio propõe uma meditação sobre as criaturas como um dom de Deus. E o que são as criaturas, afinal? Não só os humanos e a natureza, mas tudo que é gerado diretamente e indiretamente pelo Pai, também por meio dos homens e de sua inteligência: sentimentos, valores, objetos, atitudes... enfim, tudo o que está no mundo e pode ser manipulado para o bem ou para o mal.

A pergunta que lhe faço agora é: como você se relaciona com as criaturas? Você faz o bem com elas e a elas? Não tenha medo de encarar as respostas: isso faz parte do seu autoconhecimento, que irá gerar um compromisso com Deus, um compromisso de crescimento espiritual. Não podemos cair no erro de querer usar as pessoas, de manipulá-las com uma finalidade egoísta, transformando-as em objetos. As criaturas foram feitas para serem usadas, e as pessoas, centro da criação divina, foram feitas para serem amadas, e não o contrário.

Gostaria que você se perguntasse também quais são as bases da sua vida. Muitas pessoas têm como coluna principal o prazer, o dinheiro, o poder. Muitas buscam a felicidade a qualquer custo, mesmo que seja uma felicidade fabricada, artificial. Identificar os alicerces da sua vida é o primeiro passo para derrubar os que estão podres e que não resistirão à menor dificuldade, e para construir os verdadeiros pilares: o amor, a paciência, a misericórdia, a amizade, a fortaleza... No fim, tudo se resume a um relacionamento sólido com Deus e sua criação.

Nunca devemos esquecer que a nossa meta não está nas coisas da terra, mas muito além disso. É como se Deus nos colocasse num deserto e nos dissesse: "Lá no horizonte está sua meta, ainda que você não a veja. Você dispõe de um tempo determinado para chegar até ela, mas a distância você não conhece. Você mesmo irá controlar seu progresso até lá, porém o tempo será o que Eu te dispuser. As criaturas são as ferramentas que te disponibilizo. Esteja atento, pois no caminho Eu te darei diversos sinais".

Estamos no mundo, mas não somos do mundo. Devemos pensar sempre, como Santa Teresa D'Ávila nos dizia: "Tudo passa, só Deus basta". Quantos famosos foram esquecidos, quantas situações vividas hoje se tornaram apenas lembranças? Quantas circunstâncias de perigo, dores e sofrimentos vieram, mas passaram? Só Deus e as suas promessas não passam.

Claro que isso não significa que devemos descuidar das coisas do mundo, mas, sim, aproximá-las de Deus, da sua vontade, seus desígnios. Como peregrinos, não sabemos o tempo exato de nossa passagem pela, logo não podemos esperar para fazer o bem. Devemos sempre agir no momento certo, orientados pelo Espírito Santo.

Fechemos nossos olhos e peçamos ao Senhor o dom de contemplar suas criaturas e usá-las sempre de forma a fazer o bem.

18

Lei da Aceitação

"Toda a lei se encerra num só preceito: Amarás o teu próximo como a ti mesmo."

(Gálatas 5,14)

Como devemos amar o próximo? Muitas vezes nos preocupamos – sabiamente – com o modo como tratamos os outros e ficamos em dúvida se estamos faltando com o amor de Deus. Mas devemos nos lembrar do grande mandamento do Senhor: Ama o teu próximo como a ti mesmo. A verdade é que, antes de mais nada, é necessário que pensemos sobre esse "amar a si mesmo" para, assim, amar o próximo.

Essa é uma das leis que regem nossa relação com os demais: a Lei da Aceitação. Ela nos faz refletir sobre a capacidade de nos aceitarmos, de aceitar a nossa história e a forma como fomos criados. Nascemos em culturas diversas, com características, personalidades, talentos e virtudes diferentes, dentro de um contexto específico, e somos chamados a fazer bom uso dos valores e circunstâncias. Porém, muitas pessoas não conseguem se aceitar. Às vezes, nós mesmos nos amamos pouco.

Aceite-se como você é, com suas debilidades, seus erros, suas decisões não acertadas ou um jeito de ser custoso, mas logicamente querendo sempre superar-se, melhorar. O processo dos Exercícios Espirituais tem que levar você a dizer: "Obrigado, Senhor, por meus defeitos, porque através deles tenho a oportunidade de encontrar-me contigo. Tira de mim tudo que seja rejeição da minha pessoa, afasta tudo aquilo que não me permite dizer 'Obrigado(a) pelo que sou'".

Agradeça a Deus pelos talentos e dons que Ele concede a você e também aos outros, pois o dom que talvez lhe falte foi concedido a outra pessoa. E, assim, o mundo se completa.

Devemos sempre nos vigiar, pois sérios problemas na vida emocional e espiritual surgem quando temos dificuldade de nos aceitar.

Vivemos num mundo onde a vaidade é muito exaltada e as pessoas se comparam com as outras o tempo todo. Estamos constantemente nos julgando e colocando os outros, e aquilo que eles realizam, como nossa referência. Na vida espiritual, isso é perigosíssimo, pois pode nos levar à frustração, à depressão e à baixa autoestima.

Deus quer é que nos comparemos com Ele mesmo. Nosso modelo não deve se limitar a uma criatura, aos santos, a Nossa Senhora – com todo respeito a eles e a Maria. O exemplo maior é Cristo, pois Deus revela seu rosto em Jesus e quer que Ele seja nosso exemplo.

Em algumas famílias, é muito comum o vício da comparação – vício, sim, pois o hábito de comparar-se ao outro pode prejudicar a saúde emocional e ser profundamente danoso à alma. Nessas situações, precisamos desenvolver a paciência, uma virtude importantíssima que nos levará a trabalhar pouco a pouco todos os nossos defeitos, aqueles que Deus nos permitiu ter para que busquemos nos aproximar ainda mais dele.

Um dos principais inimigos que nos impede de também aceitar o outro é o espelho de nós mesmos, o espelho que desejamos ver refletido nos demais e que nos leva a decisões imprudentes. Queremos que as outras pessoas se pareçam conosco na maneira de pensar e de agir e acabamos por alimentar nosso egoísmo e vaidade, que buscam ter no outro a extensão de nós mesmos. Um exemplo prático é o dos pais que não respeitam a vocação dos filhos e acabam depositando neles o desejo de suas realizações, ou pior, o desejo de realizar nos filhos as suas frustrações. Devemos estar atentos a essas tentações.

É importantíssimo meditar o grau de amor que temos com nossa pessoa. São Francisco de Sales dizia: "Tem paciência com todas as coisas, mas sobretudo contigo mesmo". Sem a paciência, muitos de nossos trabalhos e fadigas não teriam tantos méritos.

Nossas cruzes são mais pesadas quando as arrastamos com má vontade, por isso nossos defeitos devem ser carregados por nós com mais leveza, boa vontade e aceitação.

A paciência com nossa própria pessoa reflete-se diretamente na paciência com os demais, e a nossa falta de paciência com os outros reflete-se na falta de paciência conosco, e também com Deus, pois tudo está interligado.

Aceitar a nós mesmos e aos outros com amor levará o ser humano ao perdão mútuo. Muitos dos problemas de perdão ao outro começam também no "autoperdão". Se não conseguimos nos perdoar por atos do passado e se não perdoamos e aceitamos nossos defeitos, acabamos brigando e questionando Deus: "Senhor, por que permites isso?"

Aceite-se! Na sua aceitação, você será muito mais capaz de amar e de aceitar o seu irmão.

19

Lei do Amor Responsável e Lei da Preferência

"Não vos conformeis com este mundo, mas transformai-vos pela renovação do vosso espírito, para que possais discernir qual é a vontade de Deus, o que é bom, o que lhe agrada e o que é perfeito."

(Romanos 12,2)

Depois de nos aceitarmos, fica mais fácil aceitar o nosso próximo e criar um relacionamento santo com cada um ao nosso redor. "Mais fácil" não significa que não haverá dificuldades, mas apenas que nosso caminho poderá ser menos duro.

Na mensagem de Páscoa de 2013, o Papa Francisco nos alertou: "Quantos desertos tem o ser humano de atravessar ainda hoje! Sobretudo o deserto que existe dentro dele, quando falta o amor a Deus e ao próximo, quando falta a consciência de ser guardião de tudo o que o Criador nos deu e continua a dar". Uma grande verdade. No mundo atual, o perigo é grande de nos tornarmos áridos, de nos importarmos apenas com nossa satisfação, nossos desejos, deixando de lado Deus, os outros e a natureza.

Além da Lei da Aceitação, existem outras leis que podem nos guiar neste Caminho da Luz e por toda a nossa vida, como a Lei do Amor Responsável.

Quantas vezes tomamos atitudes com base no instinto e na espontaneidade? Dou um exemplo: um diabético sabe que não pode comer uma fatia de bolo, pois isso irá prejudicar sua saúde. Nesse caso, qual o critério com relação à comida? O critério do amor e da responsabilidade: amor ao corpo e à vida, e responsabilidade com o fato de não poder comer. Mas algumas pessoas, por negligência, usam o instinto e comem o bolo. As consequências podem ser arrasadoras.

É um erro pensar que devemos ser sempre espontâneos com todos, achando que, assim, teremos um trato melhor com as pessoas. Com a espontaneidade, corremos o risco de sermos ofensivos. Mesma atenção merece a sinceridade: é preciso saber falar e saber calar. Devemos tratar os outros com amor. Porque amo, sou responsável; porque amo, falo ou calo; porque amo, faço ou não faço.

O amor responsável nos faz cuidadosos com os irmãos e com o ambiente onde vivemos. Ele nos ensina que o caminho mais fácil nem sempre é o caminho certo.

Deus vai pedir contas de nossa vida pelo amor que vivemos e, pela Lei do Amor Responsável, somos impulsionados a construir e nunca a destruir.

A terceira lei que nos auxilia é a Lei da Preferência. Dar preferência àquilo em que a vontade de Deus esteja claramente manifestada. Preferir a vontade de Deus à nossa. Pode ser que a vontade do Pai não seja a mais agradável, mas devemos estar cientes que, ainda assim, é o caminho a ser seguido. E fazer a vontade exige de nós o discernimento que se dá pela ação do Espírito Santo e através do auxílio e aconselhamento de um diretor espiritual.

Aliás, você sabe o que é um diretor espiritual? Em geral é um padre ou consagrado que orienta a nossa vida por meio das chamadas direções espirituais, levando-nos a desenvolver nossas práticas de oração e leitura, mas especialmente nos mostrando rumos e atitudes que estão mais próximos dos desígnios de Deus.

Por isso, devemos pedir o discernimento ao Senhor através da oração constante e perseverante. É também na oração que percebemos que a vontade do Pai está se realizando em nós, desde que nela não haja subjetivismo e uma inclinação a achar que todo pensamento nosso é suscitado por Deus.

A Lei da Preferência igualmente nos indica a caridade: servir antes de ser servido. Como seria bom se todas as pessoas vivessem essa lei! O mundo se transformaria, mudariam as famílias, as relações, a sociedade, os países. Se o nosso Deus feito homem passa pela Terra dizendo que devemos servir antes de sermos servidos, algo forte há nesse ensinamento, nele há um caminho de felicidade.

Dificilmente encontramos alguém que seja triste ao optar pelo serviço aos outros. Essa pessoa pode passar por momentos de dificuldade, mas a alegria supera qualquer frustração. Mesmo que haja decepção com relação ao próximo, será por permissão do Pai, para que nos purifiquemos e para que purifiquemos as intenções do nosso coração. E, se assim acontecer, digamos: "Bendito seja Deus!"

Dentro da Lei da Preferência, surge uma pergunta que nos ajuda a escolher o caminho do bem: "O que Jesus faria em meu lugar?" ou "O que Maria Santíssima faria em meu lugar?". Com essa reflexão, nossos olhos se abrem, nosso coração vê novas possibilidades e surgem outros modos de proceder. Quantas atitudes teriam sido diferentes se antes tivéssemos feito essas perguntas ao nosso coração? Que nossas ações se fixem no presente, e que trabalhemos sempre tendo em vista a santificação.

20

Lei da Indiferença e Lei da Atividade

"Estou persuadido de que nem a morte, nem a vida, nem os abismos, nem qualquer criatura nos poderá apartar do amor que Deus nos testemunha em Cristo Jesus, nosso Senhor."

(Romanos 8,38-39)

Chegamos agora às duas últimas leis que nos auxiliam no relacionamento com Deus e os irmãos. Vamos nos debruçar sobre a Lei da Indiferença.

Um conceito desenvolvido por Santo Inácio é o da "santa indiferença", que tem um sentido muito profundo: é a capacidade de aceitar os fatos com os olhos da fé. Se está frio ou se está quente, "bendito seja Deus"; se vivencio um momento de dor, "bendito seja Deus"; se uma pessoa faz algo negativo a mim, "bendito seja Deus". E sigo sem desviar meus olhos de Cristo.

Quantas pessoas abandonam a fé porque tiram o foco de

Jesus? Servem à Igreja apenas pelo poder que lhes é concedido ou pela honra que tem nos cargos que ocupam.

Aplique a "santa indiferença" também em relação às coisas menores que acontecem a você, mas entenda que indiferença não é desleixo ou desprezo aos fatos e às pessoas. Esteja atento para não atribuir seus medos e limitações à Lei da Indiferença, para não se conformar às situações, apenas se resignando. Quantos medos são gerados por não sabermos lidar com as criaturas? Por exemplo, o medo de enfrentar uma prova não deve ser atribuído à Lei da Indiferença se não houve uma preparação adequada para a realização dela.

A Lei da Indiferença, quando entendida pelo coração, impede reclamações, blasfêmias e revoltas contra Deus. Também o perdão deverá passar por essa lei, ainda que perdoar não signifique ser indiferente à dor de uma ferida. Por esse parâmetro, a ofensa deve nos levar a dizer: "Bendito sejas Tu, Senhor; eu vou rezar por essa pessoa". Mesmo que não voltemos à convivência com o outro, a Lei da Indiferença ainda se aplica.

Recordo-me agora de uma pessoa que certa vez me disse: "Padre, eu tinha tudo pronto para uma viagem maravilhosa e, de repente, meu esposo teve um problema de saúde e precisei cancelá-la. Que raiva me deu do meu esposo!" Que reação negativa! Essa mulher deveria ter se valido da lei da "santa indiferença", ter falado: "Bendito seja Deus por essa viagem não ter acontecido, pois há uma razão maior para isso".

No livro *Cinco pães e dois peixes*, o cardeal Van Thuan nos dá uma grande lição ao narrar o período em que ficou preso no Vietnã, por cerca de treze anos. Conta ele que uma frase lhe foi inspirada e muito o ajudou no cárcere: "Deus, e não as obras de Deus!". Uma frase tão curta, mas tão profunda!

O cardeal descobriu algo que também nós precisamos descobrir, que é discernir entre Deus e suas obras. O Senhor deve ser o centro de nossa vida, e não as obras que Ele proporciona. Quantos católicos deixam a fé porque outros deixam? Isso é confiar nas obras, nas pessoas, e não em Deus. Essa é uma tendência perigosa, mesmo entre os mais ativos na fé, os mais engajados em serviços, pois focam na atividade em si, e não no Pai que as leva a bom termo.

Entenda bem que "santa indiferença" não significa ficar de braços cruzados. Não é isso que Santo Inácio quis dizer. Ela deve nos levar a profundos atos de caridade, como fez Madre Teresa, que conseguia tocar na chaga de um leproso e viver com poucas horas de sono que tinha porque vivenciava a "santa indiferença". E nós, muitas vezes por não termos essa lei plantada no coração, preferimos a preguiça e a desordem, preferimos deixar tudo acontecer e nos largar na vida. Mas sempre há tempo de nos aproximarmos do Pai.

A quinta lei proposta nestes Exercícios Espirituais é a Lei da Atividade, que se opõe à passividade: devemos ser proativos, orar sempre e confiar no Pai. Essa lei se aplica especialmente aos ápices de desespero, quando parece que o mundo conspira contra nós. Muitas vezes acreditamos que tudo está perdido, mas nunca podemos dar isso como certo, porque o nosso Deus é o Deus do impossível, e não um Deus apenas de possibilidades.

Se for da vontade dele, a situação pode mudar, podemos ser curados das piores doenças, ainda que os médicos não vejam solução. Mas, se Deus permitir uma doença para realizar um bem maior, "bendito seja Deus!" – a nova lei tem uma estreita ligação com a "santa indiferença". Os desígnios de Deus são insondáveis.

Todas essas cinco leis nos ajudam a nos relacionar, a sermos melhores, a nos assemelharmos a Cristo. Quando as aplicamos, muitas situações ganham novo sentido e novas dimensões: conseguimos amar mais e melhor as pessoas com quem Deus nos concede conviver.

21

Amar é uma decisão

*"Nós conhecemos e cremos no amor
que Deus tem para conosco. Deus
é amor, e quem permanece no amor
permanece em Deus e Deus nele."*

(I João 4,16)

    Deus tem necessidade das nossas obras – onipotente, mesmo assim Ele se faz precisar de nosso serviço. Mas nossas ações só serão bem realizadas se houver um ingrediente: o amor. Ele dá um novo colorido a tudo; é a pitada de sal que faz com que a comida tenha sabor. O amor é a chaminha que ilumina um quarto escuro, é a estrada que Deus coloca para que possamos nos realizar como seres humanos. Se não amamos, por que estamos aqui?

    Na Encíclica *Redemptor hominis*, São João Paulo II escreveu: "O homem não pode viver sem amor. Ele permanece para si próprio um ser incompreensível e a sua vida é destituída de sentido, se não lhe for revelado o amor, se ele não se encontra com o amor, se o não experimenta e se não o torna algo seu próprio, se nele não participa vivamente".

Amar é uma decisão. Quando optamos pelo amor e decretamos que nada pode ser feito sem amor, tudo em nós e ao nosso redor se transforma. Devemos querer amar não de uma maneira automática, mas de forma consciente. Um dos maiores riscos é cair no medíocre relativismo da rotina: dar pouca importância aos atos cotidianos. É um perigo apenas "apertar botões" e fazer tudo por fazer, por isso Deus nos pede uma decisão real. Precisamos fazer a experiência do amor, mas não da forma como o mundo o entende, passando necessariamente pela sensibilidade e pela materialidade. O amor que nos ensina o Senhor é mais profundo e amplo e inclui renúncia, despojamento e entrega.

Há uma parte da Santa Missa, chamada de doxologia, em que o sacerdote eleva o cálice e a patena e proclama: "Por Cristo, com Cristo, em Cristo...". Devemos, também, fazer uma doxologia da nossa vida dizendo: "Pelo amor, com o amor e no amor". Amar a Deus, ao próximo, a nós mesmos, fazendo com que nossa vida tenha um movimento interno que nos leve a amar.

Toda cura e libertação interior passa diretamente pelo amor. Libertar-nos, na prática, é gerar mais amor no coração. Curar-nos, na prática, é deixar que o amor sare o nosso coração, que o amor transforme o "cinzento" que às vezes existe em nós em uma paisagem colorida maravilhosa.

O amor é uma decisão, não apenas um sentimento. É uma decisão que passa pela razão, vontade, inteligência, e gera um novo olhar sobre a vida. O amor nos traz a certeza de que cada um de nós pode realizar milagres, mesmo nas pequenas coisas. Por exemplo, se você é uma secretária e está digitando um texto, pode digitá-lo automaticamente ou fazê-lo por amor. Tenha um lembrete no monitor do computador que diga como na música "Vem, Espírito": "Eu quero amar, eu quero ser aquilo que Deus quer!". Se você é taxista, motorista de ônibus ou caminhoneiro, percorra cada quilômetro amando, e não só dirigindo. Pessoalmente, em cada viagem que faço, meu carro se transforma numa capela, onde eu rezo, escuto palestras e músicas católicas, canto e converso com Deus. Em cada profissão é possível amar de uma forma particular, que pode variar de pessoa para pessoa.

Muitas vezes temos atitudes que demostram falta de amor, mas, na realidade, não é que não sabemos amar mais: é que nos esquecemos de seguir amando. Precisamos estar atentos para ir no sentido que nos leva ao amor, pois o ritmo da vida pode nos engolir e tirar de nossa cabeça o essencial. O Papa Francisco mesmo já nos exortou a uma mudança de atitude: "Como seria belo se cada um de vós pudesse, ao fim do dia, dizer: hoje realizei um gesto de amor pelos outros!"

Andamos numa corda bamba muito tênue, muito fininha, que pode se romper e nos fazer cair com muita facilidade. Quando aparecem as dificuldades, seguimos amando ou desistimos de amar? Quando estamos felizes, amamos de maneira egoísta? Amamos só quando recebemos elogios e nos dão razões para amar?

Aprendamos a amar inclusive se faltam motivos para isso, porque o motivo principal é que fomos criados por Deus para esse fim. O ser humano só se realiza amando; só amando encontramos sentido para nossa vida.

O pedido de Jesus é que não deixemos de amar jamais, nem na alegria, nem na dor, nem nos momentos de bonança, nem nos momentos de tempestade. Decida-se pelo amor e veja tudo transformado.

22

Vocação ao amor

"Exorto-vos, pois, que leveis uma vida digna da vocação à qual fostes chamados, com toda a humildade e amabilidade, com grandeza de alma, suportando-vos mutuamente com caridade."

(Efésios 4,1-2)

Existem diversos dons, mas todos procedem de um só Espírito, como fala São Paulo no capítulo 12 da Primeira Carta aos Coríntios. Sugiro que você faça essa leitura sobre os carismas. Cada um de nós é chamado a um ministério, a um serviço na Igreja, e nenhum é maior que o outro, apenas diferente.

Além dos dons, Deus nos dá o discernimento necessário para distingui-los e colocá-los em prática no momento adequado. Todos são essenciais, mas Jesus pede de nós o carisma mais importante, que envolve todo e qualquer ministério: o amor. Sem o amor, nossos atos são como vasos feitos para receber um grande arranjo de flores maravilhosas, mas que se encontram vazios.

Ambicionemos o amor, e não os dons místicos extraordinários, como estar em dois lugares ao mesmo tempo ou abster-se totalmente de comida, alimentando-se somente da Eucaristia. Não devemos almejá-los, tampouco devemos pedi-los a Deus, pois, como bem dizem os grandes mestres da espiritualidade, isso seria vaidade. Ambicionando o amor, os demais dons vêm em acréscimo.

O apóstolo Paulo nos fala: "Aspirai aos dons superiores. E agora, ainda vou indicar-vos o caminho mais excelente de todos" (I Coríntios 12,31). E ele segue dizendo no capítulo 13 da mesma carta – tão bem conhecido por nós –, nos versículos de 1 a 3:

> *Ainda que eu falasse as línguas dos homens e dos anjos, se não tiver caridade, sou como o bronze que soa, ou como o címbalo que retine. Mesmo que eu tivesse o dom da profecia, e conhecesse todos os mistérios e toda a ciência; mesmo que tivesse toda a fé, a ponto de transportar montanhas, se não tiver caridade, não sou nada. Ainda que distribuísse todos os meus bens em sustento dos pobres, e ainda que entregasse o meu corpo para ser queimado, se não tiver caridade, de nada valeria!*

Fortes são essas palavras de São Paulo! Em suma, ele está nos falando: "Não sou nada se não tenho amor." Por isso, também Santa Teresinha dizia que Deus "não precisa de nossas obras, mas unicamente de nosso amor". De nada adiantam apenas atos exteriores se não brotam do amor!

Seguindo na carta de São Paulo, nos versículos de 4 a 7, nos deparamos com as "carências" do amor. O que seria isso? Digamos que são os pré-requisitos do amor verdadeiro: ele necessita de paciência, de bondade, de aceitação, de humildade, de doçura, de discrição, de altruísmo, de justiça, de verdade. Sim, ele reúne todas essas virtudes. Não pense que é fácil praticá-lo; é um exercício constante, mas extremamente gratificante.

Como somos felizes quando o amor transborda! Quem o pratica espera em Deus em qualquer circunstância, tudo crê, tudo suporta. Que via maravilhosa é o amor! A felicidade e a paz interior estão ao nosso alcance se optamos por amar de forma consciente em todos os momentos, não deixando que a rotina ocupe em nós o lugar que deve ser ocupado pelo amor. Ouçamos o alerta do Papa Francisco: "Cuidado com as comodidades! Quando nos rodeamos de conforto, facilmente nos esquecemos dos outros".

No 22º Domingo do Tempo Comum, sempre fazemos a seguinte Oração da Coleta: "Deus do universo, fonte de todo bem, derramai em nossos corações o vosso amor e estreitai os laços que nos unem convosco para alimentar em nós o que é bom e guardar com solicitude o que nos destes". É uma oração que pode ser feita diariamente: pedir a Deus que o amor sempre cresça em nós, crie raízes e não saia do nosso coração.

Amar é mostrar-se agradecido. Amar implica submeter-se ao Pai, querer servir a Ele e ao próximo antes mesmo de servir a si próprio. Quando nós conseguimos nos assemelhar a Deus no amor, nosso interior ganha vida nova a ponto de não precisarmos de motivações externas. Como dizia Santo Agostinho: "Tarde te amei, ó beleza tão antiga e tão nova! Tarde demais eu te amei! Eis que habitavas dentro de mim e eu te procurava do lado de fora!". Deus, que é amor, habita em nós.

Precisamos nos colocar de joelhos diante do Santíssimo e pedir essa graça que vem do Coração de Jesus. Supliquemos ao

Espírito Santo o dom do amor verdadeiro a fim de produzir e dar amor constantemente em nossa vida.

Confiamos em quem amamos, portanto peçamos também a graça de amar cada vez mais a Deus. Às vezes nós até podemos cair no erro de nos cansar de amá-lo, mas Ele nunca sairá do nosso lado. Assim seja!

23

Amar a Deus sem medida

"De tal modo Deus amou o mundo, que lhe deu seu Filho único, para que todo o que nele crer não pereça, mas tenha a vida eterna."

(João 3,16)

A capacidade de amar do ser humano deve ser comparada à capacidade que um copo tem de estar cheio: ele só fica pleno ao ser preenchido. E não são os prazeres do mundo, não é o hedonismo do sexo pelo sexo, não é o dinheiro nem o poder que nos saciarão, mas a Água Viva, Jesus.

Constantemente, consumimos o amor que é gerado em nós e, se não o desenvolvemos, se não o alimentamos, nosso "copo" vai se esvaziando. É urgente viver na abundância do amor que vem de nosso encontro com Deus e de nossa opção por amar sempre mais e melhor. Necessitamos transbordar amor para poder, assim, partilhá-lo com os demais.

Como deve ser o nosso amor para com Deus? Dizia o Papa João Paulo I: "Senhor, que eu vos ame sempre mais." E São Bernardo completava: "A causa para amar a Deus é o próprio Deus;

a medida, amá-lo sem medida". Para tudo devemos ter uma medida e um equilíbrio, menos para o amor. É a única coisa em que não podemos economizar: devemos ser abundantes.

Amar a Deus sem medida nos leva a vê-lo nos outros e, assim, por extensão, amá-lo no próximo. Se deixamos de amar a Deus, estamos fadados ao fracasso, pois não se constrói felicidade sem a sua presença em nossa vida. Realmente nunca iremos amar o Pai tanto quanto Ele deveria ser amado, mas Cristo sempre nos pede a perfeição, a santidade, nunca a mediocridade.

Buscamos a excelência do amor quando, mesmo sofrendo, nos doamos. O amor é difusivo, necessita ser exalado. E, quanto mais o espalhamos, mais desejamos lançá-lo para fora, pois ele deve transbordar de modo a não caber dentro de nós, de modo a não podermos guardá-lo, pois ele excede nossa capacidade de armazenagem. Santo Agostinho tem uma frase muito bonita: "Quanto mais eu amo, sinto-me ainda mais devedor". Assim é o amor: quanto mais se doa, mais ele é gerado e mais dele nós queremos dar.

Quando experimentamos Deus, nos realizamos no seu amor e isso explica a razão pela qual as pessoas que renunciam a tudo para viver somente para Cristo são felizes. Vemos em Santa Teresinha, e em tantas freiras de clausura, a felicidade com que vivem; elas irradiam alegria e emanam amor porque renunciaram a tudo para viver somente o amor de Cristo. Experimentar o amor de Deus e retê-lo seria no mínimo contraditório, ou seria amar pela metade. Por isso, tantas pessoas consagradas a Deus, quando vivem a verdadeira vocação, são tão felizes e realizadas.

Independentemente da vocação a qual fomos chamados (casados, solteiros, consagrados, religiosos), todos somos convocados a levar gravada no coração a marca do amor de Deus. Ele deseja que nos abramos, que nos renovemos constantemente e que amemos não segundo as nossas medidas, mas conforme as medidas dele. Peçamos ao Senhor que seu Santo Espírito venha e restaure a parte do nosso coração que precisa ser transformada em carne, porque tantas vezes ainda carregamos no peito um coração de pedra.

Vale a pena decidir pelo amor, vale a pena regar e fazer crescer essa semente que, por vocação, foi plantada em nós desde o ventre materno. Lancemos nosso barco em alto-mar, abramos as velas e deixemos que o Espírito de Deus sopre cada vez mais forte em nós, para que possamos nos descobrir no amor e para o amor.

Tornar diferente a vida é fazer uma decisão pessoal pelo amor. Que possamos crescer nele de forma desmedida e abundante.

4º PASSO

Caminhe ao lado de Jesus

24

Cristo nos chama

*"Sede um só corpo e um só espírito,
assim como fostes chamados pela
vossa vocação a uma só esperança."*

(Efésios 4,4)

Começamos agora a etapa final da nossa jornada pelo Caminho da Luz. Porém, ainda temos muito chão pela frente, com reflexões bem profundas, que levarão você a caminhar ao lado de Jesus, acompanhando sua vida.

Seguindo os passos do Mestre, tomemos cada vez mais Cristo como modelo de vida, de entrega e de resposta a Deus. Ele é o modelo dos apóstolos, o Apóstolo por excelência. O Senhor nos chama para uma missão, não por nossos méritos, mas por amor e por sermos filhos muito amados de Deus.

Além das vocações magnas – como o sacerdócio, a consagração e o matrimônio –, existem também os chamados diários de Cristo. Muitas vezes eles passam sem registro, por isso é importante estarmos muito atentos à voz do Senhor: "É necessário prestarmos a maior atenção à mensagem que temos recebido, para não acontecer que nos desviemos do caminho reto" (Hebreus 2,1).

Como nos sentiríamos diante do convite do Papa ou de outra pessoa ilustre para um encontro? Com certeza faríamos de tudo para ir. Mas, e ao convite de Cristo, como reagimos? Estamos sempre dispostos a atendê-lo e servi-lo?

O Senhor nos chama a viver a santidade nos atos mínimos da vida, nos diversos papéis que desempenhamos, nos diversos lugares do cotidiano. Isso significa cumprir a sua vontade da melhor forma possível, lembrando que nossa missão também implica levar o próximo à salvação.

Jesus nos deixa livres para aceitar ou recusar sua proposta, mas Ele está muito interessado em escutar nossa resposta. Em qual situação da sua vida hoje o Senhor chama você à santidade? O chamado de Cristo é particular, cada um é convocado de uma forma diferente. Abramos os olhos e ouvidos para escutar Jesus, que sussurra: "Vem e segue-me! Filho, filha, eu preciso de ti, preciso das tuas mãos, dos teus pés, de todo o teu ser".

Somos convocados pelo Senhor a estar próximo dele nas menores coisas, assim como também eu sou constantemente chamado a fazer em meu sacerdócio. Muitos respondem a Cristo de uma maneira medíocre, vivenciando uma fé morna. Mas Jesus nos pede uma resposta de amor e de entrega que seja total, não pela metade.

Um bom exemplo de resposta total é o do evangelista Mateus, narrado por ele mesmo: "Jesus viu um homem chamado Mateus, que estava sentado no posto do pagamento das taxas. Disse-lhe: 'Segue-me.' O homem levantou-se e o seguiu" (Mt 9,9). Que preciosa a sua disposição! Cobrador de impostos e pecador como nós, ele respondeu positivamente a Cristo.

Contudo, há também os que não reagem da forma adequada. Vemos isso no Evangelho de Lucas: "Um homem de posição perguntou então a Jesus: 'Bom Mestre, que devo fazer para possuir a vida eterna?' Jesus respondeu-lhe: 'Ainda te falta uma coisa: vende tudo o que tens, dá-o aos pobres e terás um tesouro no céu; depois, vem e segue-me.' Ouvindo isto, ele se entristeceu, pois era muito rico" (Lc 18,18-19.22-23). Essa pessoa talvez pudesse ter se tornado um dos grandes apóstolos da Igreja, mas foi tachado apenas como "o jovem rico". O que o impediu não foi a riqueza – uma pessoa rica pode ser santa –, mas sua pobreza espiritual e o seu apego ao material, que foram testados por Jesus. O seguimento de Cristo implica renúncias, é bastante exigente, mas é maravilhoso. E não há como seguir nesse caminho se não colocamos Deus acima de tudo.

Vemos em Jesus um Messias incansável que caminhava quilômetros para levar a todos a boa-nova de Deus e anunciar o Reino dos Céus. E, ainda hoje, Ele segue sedento de que nós encontremos o Céu. O exemplo que Cristo nos deixa deveria nos fazer refletir: "Qual é a minha atitude como apóstolo? Eu me doo por amor ao Senhor até as últimas consequências?"

Ao contrário de Jesus, às vezes nós não buscamos perseverar. Por que isso acontece? Por que existe tanto "fogo de palha"? São diversas as razões, mas a principal é que as pessoas não seguem olhando para Cristo; elas se distraem e passam a olhar para as criaturas de Deus e a tê-las como modelo. Nós não podemos nos atribuir a honra de sermos apóstolos por nós mesmos. Somos apóstolos de Cristo, por Cristo e em Cristo.

Cumprir a missão confiada pelo Pai era algo tão claro para Jesus que Ele nos deixa de presente uma oração maravilhosa, que agora vale a pena você recitar com toda a propriedade e serenidade de alma: o Pai-Nosso. Proclame-a e medite-a, pois ela resume as atitudes de todo apóstolo.

Que Jesus nos ensine a não ter medo de sermos discípulos e nos dê coragem para dizermos "sim" a Deus.

25

As tentações

"Deus é fiel: não permitirá que sejais tentados além das vossas forças, mas com a tentação ele vos dará os meios de suportá-la e sairdes dela."

(I Coríntios 10,13)

Sigamos nos Exercícios Espirituais acompanhando acontecimentos marcantes da vida de Jesus, que nos servirão de boa reflexão. Contemplemos Cristo no deserto, como narrado em Lucas 4,1-13. É uma passagem que nos faz refletir: por que Jesus permitiu ser tentado pelo demônio? Sendo Deus, Ele bem poderia não passar por isso, mas assim desejou, para nos mostrar que a tentação é universal e vencê-la é nossa grande missão.

Quando reclamamos das situações que nos levam ao pecado, sem entender o motivo para que elas ocorram, devemos nos lembrar da frase de São Padre Pio de Pietrelcina: "Quanto mais as trevas parecem crescer, mais perto Deus está de nós".

Lembremos que Cristo foi tentado antes de nós – isso é forte, é grandioso! O demônio foi ousado e segue com sua audácia, tentando cada um de nós, os filhos prediletos de Deus Pai. Santo Agostinho fez uma belíssima reflexão sobre o assunto:

> *Nossa vida, enquanto somos peregrinos neste mundo, não pode estar livre de tentações, pois é através delas que se realiza nosso progresso e ninguém pode conhecer-se a si mesmo sem ter sido tentado. Ninguém pode vencer sem ter combatido, nem pode combater se não tiver inimigo e tentações. De fato, Cristo foi tentado pelo demônio. Mas em Cristo também tu eras tentado. Ele assumiu as tuas tentações, para te dar a tua vitória.*

Essa meditação se resume em uma frase: nós podemos vencer as tentações. Mas ninguém está imune a ser seduzido; na maioria das vezes, elas apresentam-se com um belo disfarce. Lembro-me que, após ganhar o campeonato sul-americano de vela, deslumbrei-me com todas as honras e os convites para outras competições e acabei desistindo da ideia de ser sacerdote. Uma vez mais, parecia que meu egoísmo queria me superar. Mas, felizmente, Deus tinha tudo pronto e não desistiu de mim.

Contudo, maior que o perigo da tentação é o risco de ignorar a existência do demônio e o seu desejo de fazer o mal. O poder de satanás não é nada se comparado ao poder infinito de Deus, porém o Pai nos concedeu o livre-arbítrio, quis que fôssemos livres. Depende de cada um de nós escolher entre atitudes bondosas e maléficas. O mal está presente desde o pecado original, também nos anjos decaídos; não crer em sua existência é a brecha para que ele se instale em nós.

Porém, não há o que temer, pois Deus é maior e nossa força

está nele. Apenas estejamos atentos, pois podemos ser atraídos a dizer "Senhor, isso é demais para mim, não consigo resistir, pois não sou Deus e posso ceder ao pecado". Mas o Filho de Deus sofreu situações ainda piores para nos dizer que, como seres humanos, muitas tentações recairão sobre nós até o último minuto da vida. Podemos, inclusive, na hora da nossa morte, ser tentados a não confiar na misericórdia divina.

O demônio é astuto, sempre irá aparecer sob variadas formas e muitas vezes se utiliza de pessoas queridas e próximas para nos atacar. Através delas, causa-nos preocupações e conflitos, tentando nos fazer desistir de seguir o chamado de Cristo.

Para nossa segurança, é essencial ter em mente o propósito de nossa vida. Jesus tinha uma ideia muito clara de sua vocação de Filho de Deus chamado à Redenção, por isso respondeu às tentações com firmeza: "Não só de pão vive o homem, mas de toda a palavra de Deus"; "Adorarás o Senhor teu Deus, e só a ele servirás"; "Não tentarás o Senhor teu Deus". É isso que Cristo quer que aprendamos com ele: vigiar e orar sempre.

Por toda a nossa vida surgirão bifurcações, a escolha entre dois "exércitos espirituais" – ser do exército de Deus ou do exército do mal. Vou contar-lhes uma história que ilustra bem essas imagens. Existia um muro bem largo e alto onde caminhava um homem. De um lado estava Cristo com seus anjos e santos gritando: "Vem para cá, desce para o nosso exército!" Do outro lado estava o demônio com todos os seus, tomando sol, de óculos escuros e sem se preocupar. Bastante curioso, o homem indagou: "Cristo me chama incansavelmente. Por que você não grita para que eu desça?". O demônio olhou para ele com um sorriso sarcástico e exclamou: "Eu não grito porque o muro é meu!"

O demônio é quem divide e cria obstáculos que nos separam de Deus. Quem fica em cima do muro está, na prática, indo para o exército do mal. A vida de quem escolhe Jesus não pode apresentar dúvidas: ou somos de Cristo ou não somos.

É tempo de decidir: que nosso "sim" seja "sim", que nosso "não" seja "não".

26

A Última Ceia

"*O Mestre manda dizer-te:
'Meu tempo está próximo. É em
tua casa que celebrarei a Páscoa
com meus discípulos.'*"

(Mateus 26,18)

A Paixão de Cristo é preparada durante toda a vida de Jesus. Ele sabe de sua missão e, quando chega o momento da Última Ceia, seu coração começa a palpitar mais forte, pois o calvário e a cruz se aproximam.

Quando alguém é dirigido a um suplício por ter feito algo errado, sente o coração inquieto, pois sabe a que está respondendo. Mas Cristo era o Cordeiro sem mancha que só tinha feito o bem, ou seja, vivia um suplício ainda maior. Deus não se isentou de sentir as dores humanas, e sua alma e seu coração experimentaram um sofrimento tão profundo que o Senhor suou sangue.

Na quinta-feira que antecedeu a sua Paixão, Jesus instituiu a Eucaristia, deixando-nos um sacramento de amor. Ali, foi realizada a primeira missa celebrada na história da humanidade, quando Cristo tomou o pão e disse: "Isto é o meu corpo, que é entregue por vós; fazei isto em memória de mim." E, depois, tomou o vinho e falou: "Este cálice é a Nova Aliança no meu sangue; todas as vezes que o beberdes, fazei-o em memória de mim" (I Coríntios 11,24-25).

Sabendo de sua morte, Jesus nos deixou a Eucaristia para fazer-se presente entre nós. A noite anterior ao seu martírio foi tão intensa que Ele se ofereceu em Corpo e Sangue, reafirmando seu amor por nós.

Somos alimentados pelo amor de Deus na comunhão. Toda vez que nos aproximamos de Jesus Eucarístico, nosso coração deve palpitar. Ao participar da Santa Missa e receber a Hóstia Sagrada, precisamos vivenciar um profundo sentimento de gratidão e amor a Deus. Participar da Eucaristia é participar do Céu.

Na Encíclica *Ecclesia de Eucharistia*, São João Paulo II fala sobre a importância da missa, de participar do Sagrado Banquete do Senhor: "A Eucaristia é verdadeiramente um pedaço de Céu que se abre sobre a Terra; é um raio de glória da Jerusalém celeste, que atravessa as nuvens da nossa história e vem iluminar o nosso caminho". Será que aproveitamos ao máximo as nossas participações nas missas?

Que precioso pensar que, a todo instante, em algum lugar do mundo, há pelo menos um sacerdote celebrando a Santa Missa – incrível pensar que isso ocorre habitualmente há mais de dois mil anos e que cada missa celebrada é um encontro com o amor de Deus que nos remete ao momento da Última Ceia.

Outro fato que nos chama a atenção é o mandamento do amor, que, ensinado por Jesus durante sua vida pública, se confirma no ato de lavar os pés dos discípulos. Essa atitude de humildade é um gesto concreto que expressa seu desejo de que todos se coloquem a serviço uns dos outros.

Na catequese de 12 de fevereiro de 2014, na Praça São Pedro, o Papa Francisco disse: "Quem celebra a Eucaristia não o faz porque quer parecer melhor que os outros, mas porque se reconhece sempre necessitado de ser acolhido pela misericórdia de Deus feita carne em Jesus Cristo. Devemos ir à missa humildemente, como pecadores".

Podemos cair na tentação de achar que nos encontramos em um nível espiritual alto o suficiente para estacionar e deixar de buscar a Cristo. Mas Ele sempre irá nos pedir mais, pois nunca se satisfaz. À medida que o Senhor nos dá, mais exige de nós, e participar da Última Ceia significa ter um coração disposto a aceitar o algo a mais que Jesus sempre quer nos conceder. Conforme avançamos em sua direção, mais Ele nos capacita.

Meditar a Quinta-Feira Santa faz com que nos preparemos para nos encontrarmos com Cristo em sua Paixão, disponibilizando o coração a aceitar os pedidos do Senhor, que tanto precisa de nós para que sua obra se realize.

Ao instituir a Eucaristia, Cristo nos deixou os sacerdotes como extensão de seus ensinamentos e memória perpétua da Última Ceia. Pelo mundo, milhares deles lutam, dia após dia, para que esse sacramento de amor seja perpetuado. Quantos sacerdotes já passaram por nossa vida contribuindo, de algum modo, em nossa formação espiritual? Eles necessitam de muitas orações, pois o sacerdócio implica bastante desgaste físico, emocional e espiritual. Os padres são chamados a sofrer o martírio da Quinta-Feira Santa com Cristo, pois revivem, a cada celebração, a agonia da Última Ceia. Rezemos por eles e para que o Senhor suscite mais vocações.

Somos todos chamados a ser apóstolos de Cristo, assim como os Doze, mas tenhamos em conta que, dentre eles, havia um traidor. Não sejamos como Judas, que dividia a mesa com Jesus e pensava apenas no mundo material. Estejamos atentos para sermos discípulos fiéis e adoradores da Eucaristia.

27

Getsêmani: Cristo que sofre

"Meu Pai, se é possível, afasta de mim este cálice! Todavia não se faça o que eu quero, mas sim o que tu queres."

(Mateus 26,39)

Os sofrimentos de Cristo foram redentores para nós. É com essa certeza que meditaremos agora o Jardim de Getsêmani. Contemplemos esse mistério, mas não como meros espectadores, como alguns que veem o sofrimento alheio e dele não participam. Jesus é nosso irmão, nosso amigo, e nos deu a vida. Como não ter compaixão? Que, nesta reflexão, o Senhor nos conceda a graça de sentirmos um pouco do que Ele sentiu.

A partir de Mateus 26,36, podemos ler a passagem em que Jesus, sofrendo de grande angústia, retira-se a um lugar solitário e chora. Ele se prostra com a face por terra, suando sangue. Para que esse fenômeno raro aconteça, a pessoa tem que realmente estar numa agonia suprema. Podemos imaginar o que Cristo levava em sua alma naquele momento? Com Ele estavam os pecados de toda a humanidade. Abandonado, traído... Quanta dor!

Por três vezes Jesus reza dirigindo-se ao Pai. Talvez desejasse não passar por aquela situação, mas sabia que era a sua missão como Filho de Deus. A Santíssima Trindade se angustia, mas sabe que é necessário vivenciar aquilo para que o ser humano seja salvo.

Que resposta daríamos a Jesus se estivéssemos hoje com Ele no Getsêmani, momentos antes de sua Paixão? Essa é uma cena que nos leva a muitas reflexões, mas consideremos três possíveis respostas ao sofrimento de Cristo.

A primeira resposta é a de Judas. Escolhido por Jesus e um dos que esteve ao seu lado por alguns anos, Iscariotes caminhou com Cristo, viu-o fazer milagres, ressuscitar mortos, curar doenças do corpo e da alma. Judas assistiu ao discurso do Monte das Bem-Aventuranças, à expulsão dos vendilhões do Templo, a suas falas sobre os fariseus e as atitudes hipócritas deles.

Ele foi um privilegiado, assim como todos nós quando vemos Jesus na Eucaristia e somos agraciados com a Santa Missa e a confissão. Temos muitas oportunidades de estar com o Senhor e de desfrutar de suas bênçãos, mas, como Judas, corremos o risco de, pouco a pouco, nos afastar de Cristo.

Todos nós levamos nos lábios o beijo de Judas, narrado no Evangelho de Mateus: "Veio Judas, um dos Doze, e com ele uma multidão de gente armada de espadas e cacetes. O traidor combinara com eles este sinal: 'Aquele que eu beijar, é ele. Prendei-o!'" (Mt 26,47-48). E nós, quantas vezes o traímos? Jesus nos pede uma resposta de amor, e como nós reagimos à sua presença em nossa vida e às inúmeras graças concedidas?

Temos que estar muito atentos para não responder a Jesus

com traições armadas e cultivadas pelos nossos cinco sentidos, por nossa memória ou por nossa imaginação. Podemos até estar beijando Jesus, mas não por carinho e, sim, para negociar com Ele. Quem sabe estamos oferecendo apenas migalhas de amor ao Senhor ou desenvolvemos pequenas infidelidades, rebeliões interiores, egoísmos e vaidades. Pobres de nós.

A segunda resposta é a dos discípulos adormecidos. Jesus diz: "Minha alma está triste até a morte. Ficai aqui e vigiai comigo" (Mateus 26,38). Ele chama alguns apóstolos, mas só João permaneceria aos pés da cruz com Jesus; todos os demais o abandonariam covardemente.

Os discípulos não vigiaram conforme o Mestre lhes pedira. Os olhos deles estavam pesados: "E disse a Pedro: Então não pudestes vigiar uma hora comigo..." (Mateus 26,40). Eles dormiam. E existe um sono muito perigoso entre os seguidores de Cristo que é o da falta de vontade de se aprofundar na vida espiritual: é a preguiça de espírito e a mediocridade na fé. Ficamos tentados a dizer "Ah, basta, já caminhei o suficiente!", a ficar meio adormecido.

Precisamos estar despertos diante dos sofrimentos de Jesus, deixando que nosso coração vá ao seu encontro. Assim, não serão dois corações, mas um só, o do Senhor e o nosso unidos na mesma missão, que é a redenção da humanidade.

A terceira resposta é narrada em Lucas 22,43: "Apareceu-lhe então um anjo do céu para confortá-lo". Como se pode ver em outras passagens bíblicas, muitas vezes Deus se utiliza de anjos para consolar seus filhos. Que atitude preciosa! Em Getsêmani, nenhum dos amigos de Jesus é capaz de consolá-lo, logo é necessário que venha um anjo para lhe dar suporte. O Pai nunca falha, não nos abandona jamais.

Confiemos nesse Cristo que é fiel mesmo quando não lhe

respondemos com o amor, a confiança e a disponibilidade que Ele nos pede. Procuremos sempre mais consolar o coração chagado de Jesus e lhe dizer como na canção "Estou aqui": "Te amar por quem não te ama, te adorar por quem não te adora, esperar por quem não espera em ti. Pelos que não creem, eu estou aqui".

Mesmo em meio às dores, lembremos que elas não são apenas negativas. O Papa Francisco já nos falava: "O sofrimento é um apelo à conversão: lembra-nos que somos frágeis e vulneráveis." Que nós diminuamos para que Deus cresça. Assim seja!

28

As Sete Palavras de Jesus na cruz

"Chegados ao lugar chamado Calvário, ali o crucificaram, como também os ladrões, um à direita e outro à esquerda."

(Lucas 23,33)

Impressionantes são as respostas de Jesus a todos os seus sofrimentos. Ele se levanta do Getsêmani, é levado preso, cuspido e esbofeteado; não lhe poupam chicotadas. Cristo segue sem lamentar a caminho do Calvário.

Se tivéssemos a coragem de pedir a Deus para sofrermos o que Jesus sofreu, será que suportaríamos? Que possamos olhar para a cruz, contemplá-la e escutar Cristo, que desde o madeiro tem muito a nos falar.

A Sagrada Escritura nos coloca as Sete Palavras de Jesus ditas na cruz antes de sua morte. Apesar do nome, são frases completas e declarações profundas.

A primeira Palavra pode ser lida em Lucas 23,34: "Pai, perdoa-lhes; porque não sabem o que fazem". Cristo quis afastar de todos a severidade de Deus, destacando a sua misericórdia. Nesse momento, pede também por nós, por cujos pecados Ele morreu.

Quando nos aproximamos da morte, é comum nos dirigirmos às pessoas que mais amamos. Faz parte da psicologia humana. Jesus se dirige ao Pai, testemunhando mais uma vez que sua missão sempre foi alicerçada na Santíssima Trindade.

Sêneca e Cícero, ilustres filósofos da época do Império Romano, diziam que as pessoas cravadas na cruz maldiziam o dia do seu nascimento e, às vezes, era até necessário cortar a língua dos crucificados por causa das blasfêmias. Por isso, os algozes de Cristo esperavam dele a mesma espécie de gritos terríveis. Mas o que eles escutaram rompeu completamente os esquemas, pois Cristo fala de perdão. Quanta nobreza de alma!

Nós, no entanto, talvez ainda tenhamos muito a perdoar e agora é o momento de voltar nossos olhos para a cruz e dizer do fundo do coração: "Pai, perdoa-lhes!"

Encontramos a segunda Palavra em Lucas 23,43: "Em verdade te digo: hoje estarás comigo no paraíso". Depois de toda a condenação sofrida inocentemente, Cristo deseja o Paraíso e a companhia eterna do Senhor a todos que o condenaram. Jesus é pura generosidade.

Nesse contexto de misericórdia, vem agora à minha mente a história de Santa Maria Goretti. Esfaqueada por Alessandro Serenelli por não ceder a suas investidas sexuais, ela disse no momento em que morria: "Lá no Céu, rogarei para que ele se arrependa... Quero que ele esteja junto comigo na glória eterna". Que desprendimento de alma!

A terceira Palavra é "Mulher, eis aí o teu filho!" (João 19,26). Jesus nos dá sua Mãe Santíssima, desejando que a amemos e veneremos. Ele valoriza a família, em especial a sua família, que é toda a Igreja. Santo Ambrósio escreveu uma bela passagem sobre essa cena: "Cristo chamou sua Mãe e tributou a Ela a reverência de seu amor filial. E, se perdoar o ladrão é um ato de piedade, muito mais é homenagear a Mãe com tanto carinho... Cristo, do alto da cruz, fazia seu testamento, distribuindo entre sua Mãe e seu discípulo os deveres de seu carinho".

Seguindo com nossos olhos e ouvidos voltados para a cruz, lemos a quarta Palavra em Mateus 27,46: "Meu Deus, meu Deus, por que me abandonaste?". As três primeiras Palavras ditas no púlpito da cruz estavam ligadas às três predileções de Jesus: os inimigos, os pecadores e os santos. E essa quarta Palavra Jesus dirige a Deus. Apesar dessa frase de agonia, Cristo sabia que o Pai estava muito próximo dele. Ao contemplarmos a cruz, também somos convidados a experimentar essa proximidade, quando passamos por situações difíceis e dolorosas.

Jesus deseja nos fazer compreender a atrocidade de seus tormentos. Assim, teremos noção de quanto pesam nossos pecados e de quanto devemos ser agradecidos pela Redenção. O Pai bem poderia protegê-lo, mas a Santíssima Trindade determinou que a debilidade humana deveria prevalecer ali.

A quinta Palavra está em João 19,28: "Tenho sede". Abandonado por todos nós, Cristo não fala de uma sede apenas física, mas de uma muito mais profunda: sede da glória de Deus e da salvação das almas. Podemos aliviar esse sofrimento? Sim! Devemos nos compadecer, apresentando-lhe um coração arrependido, e querer ter parte nessa sede, desejando nossa santificação e trabalhando pela salvação dos demais.

Em João 19,30, aparece a sexta Palavra: "Tudo está consumado". Embora tivesse agonizado por pelo menos seis horas, Jesus nunca esqueceu seu propósito. Com essa Palavra vitoriosa, recorda que todas as profecias se cumpriram, conforme interpreta Santo Agostinho: a concepção virginal; o nascimento em Belém; a adoração dos Reis; a pregação e os milagres; a entrada em Jerusalém no Dia de Ramos; toda a Paixão.

Na cruz, foi vencida a guerra contra o demônio. Para que a vençamos em nossas almas, é preciso que crucifiquemos a carne e seus caprichos e delírios.

E então Jesus, fiel até a morte, vai lutando até a sétima Palavra: "Pai, nas tuas mãos entrego o meu espírito" (Lucas 23,46). Ele se abandona e entrega a vida nos braços do Pai, sabendo que ela lhe seria restituída no tempo devido. Nesse momento de sofrimento, Cristo mantém a paz e a fé. Abre-se o caminho para a ressurreição e recebemos a lição de que ela não pode ser alcançada senão pela cruz, que representa os obstáculos e provações.

Que possamos sempre olhar para a cruz e escutar de Cristo as sete Palavras. Que o Espírito Santo possa suscitar em nós mais palavras de misericórdia e sabedoria. Que elas toquem o nosso coração de modo a vivenciá-las nas situações cotidianas.

29

A morte

"Quando me pus a considerar todas as obras de minhas mãos e o trabalho ao qual me tinha dado para fazê-las, eis: tudo é vaidade e vento que passa."

(ECLESIASTES 2,11)

O tema da morte é bem delicado e evitado pela grande maioria ria das pessoas, mas nele se encontra a base da vida espiritual. É importante abordá-lo, para que façamos um exame de consciência, entendendo que somos todos chamados a um dia cruzar esse horizonte tão difícil de ser contemplado.

A morte física e o que nos espera do outro lado são algumas das dúvidas que mais nos afligem. Poder enfrentar esse momento com paz e convicção é sinal de grande fé. Quantos de nós podemos dizer que estamos prontos para partir?

Tenho como experiência um campeonato de vela de que participei. No percurso para o local da regata, eu e minha equipe fomos surpreendidos por uma tormenta duríssima, a 20 quilômetros da costa. As ondas eram bem altas, e parecíamos folhas de papel levadas por um vendaval. Em certo instante, o barco virou. Eu estava na proa, sem cinto de segurança, e caí, mas por graça de Deus meu pé ficou atado a uma corda. Fui arrastado por vários minutos, mas por fim consegui voltar ao veleiro e, depois de muito esforço, a equipe desvirou o barco. Ganhamos a competição, mas vimos a morte bem de perto. Após esse acidente, fiquei refletindo sobre o tempo e a eternidade.

Não é preciso vivenciar situações extremas para se dar conta da finitude das criaturas, incluindo o nosso fim aqui na Terra, pois até mesmo na natureza Deus dá muitos sinais de que a vida é efêmera. Santo Inácio de Loyola levava seus fiéis a refletirem sobre realidades nem sempre fáceis de serem enfrentadas, e a morte era uma delas. Mas, uma vez encaradas, elas nos fazem ficar frente a frente com Deus. Lembro que, no primeiro dos meus Exercícios Espirituais, tive a graça de que o padre pregasse sozinho para mim. Em dado momento, ele me perguntou: "Como você gostaria de morrer?" Foi uma experiência forte que agora eu repasso, propondo-lhe também essa questão: Como você gostaria de morrer?

Uma resposta bastante comum é: "Eu não quero morrer". Mas esse não é um pensamento correto, pois a pessoa confronta algo que não se pode controlar. Quem age assim certamente não se encontra diante de Deus e talvez esteja vivendo de uma maneira imprudente.

Algumas pessoas também me falam: "Eu não gostaria de morrer sofrendo". Não estamos livres de sofrimentos; o próprio Cristo, sendo Deus, jamais tentou escapar a eles. Muitas vezes a morte implica aceitá-los com amor e resignação, oferecendo nossas dores ao Senhor. Sejamos realistas: não há como fugirmos da dor, cuja razão está além do nosso entendimento. São Padre Pio, um santo por quem tenho grande devoção, nos deixou uma belíssima frase: "O sofrimento é um dom de Deus. Felizes aqueles que sabem tirar proveito dele".

Devemos aguardar a morte almejando sempre a santidade, que está intrinsecamente ligada ao cumprimento da vontade de Deus. Ore sempre: "Senhor, que Tu me encontres realizando teus desígnios todo dia, para que, quando chegue o momento da minha morte, eu esteja fazendo o que Tu queres para mim". Portanto, vivamos como o Pai quer, sendo fiéis e gratos a Ele, não levando uma vida egoísta, incapaz de aceitar os desprazeres.

Deus deseja que caminhemos pelo tempo determinado por Ele. Costumo dizer às pessoas que perderam filhos ainda pequenos ou entes queridos bem jovens que, embora seja uma perda dolorosa, quem se foi realizou o plano de Deus com mais plenitude que alguém que viva 80, 90 anos.

O mais importante de tudo não é o tempo que vivemos aqui na Terra, mas *como* o vivemos. Algumas vezes até acabamos antecipando a morte, quando não a levamos em conta. Cometemos as atitudes mais imprudentes, colocamos nossa vida em risco por meio de vícios, radicalismos. É claro que não devemos temer a morte no sentido mundano, pois acreditamos na eternidade, mas também não podemos achar que somos invulneráveis. Sem a humildade, acabamos nos engrandecendo pela soberba e nem percebemos que morremos ainda em vida, facilitando a entrada dos males em nós. Com a autossuficiência, cremos não precisar de ninguém, nem de Deus.

Por outro lado, também antecipamos a morte quando desistimos de lutar contra os problemas e não nos achamos capazes de vencê-los. Isto não é próprio da vocação cristã: devemos sempre batalhar! Dois grandes escritores nos legaram mensagens belíssimas e impactantes sobre a rendição. Balzac disse que a resignação é um suicídio cotidiano. Já Shakespeare escreveu: "Os covardes morrem muitas vezes antes de sua morte; os valentes experimentam a morte apenas uma vez".

O Senhor nos concede apenas uma vida, a reencarnação não existe. Todos passaremos pelo Juízo Pessoal, isto é, o momento em que ficaremos diante de Deus. Percorreremos muitas páginas do livro da nossa vida junto com o Senhor e nada escapará aos seus olhos. Talvez algumas estarão em branco; outras manchadas de sangue por um pecado mortal; outras, ainda, com lindos desenhos, onde perceberemos que agimos de maneira preciosa.

Como temos escrito o livro da nossa vida? Façamos o propósito de escrevê-lo com amor. Devemos ter sempre em mente que o que dita a vida eterna são nossos pensamentos, sentimentos e atos, além do nosso arrependimento.

Algumas pessoas insistem em dizer que o inferno, por exemplo, é invenção da Igreja Católica para atemorizar seus fiéis, mas, nas Sagradas Escrituras, encontramos diversas passagens que falam sobre essa realidade espiritual. Embora preferíssemos não meditar sobre a eternidade longe de Deus e de seu amor, não há como fecharmos os olhos à existência do inferno.

Em sua primeira carta, São Pedro já nos alertava: "Sede sóbrios e vigiai. Vosso adversário, o demônio, anda ao redor de vós como o leão que ruge, buscando a quem devorar" (I Pd 5,8). Porém, mais uma vez, com Deus somos mais fortes! Na vida eterna, estamos destinados ao Céu e, se não o alcançarmos de imediato, haverá o Purgatório. Em nossa passagem pela Terra, buscamos sempre a santidade e a perfeição, mas não nos cabe sondar os mistérios das decisões de Deus. Ele é pura misericórdia e pura justiça, e apenas após a nossa morte é que saberemos o nosso destino. De qualquer forma, moldar o nosso caminho para o Céu é responsabilidade de cada um de nós.

O importante é que lutemos desde já para estar eternamente com Ele num lugar de paz e de muito amor. Essa é a nossa vocação; o Céu é a nossa meta.

30
A vitória da vida no sepulcro

"Na casa de meu Pai há muitas moradas; vou preparar-vos um lugar. Depois de ir, voltarei e tomar-vos-ei comigo, para que, onde eu estou, também vós estejais."

(João 14,2-3)

    Jesus foi crucificado e morreu. No Calvário, Maria deve ter se lembrado de quando entregara Cristo, ainda menino, nos braços do pai, o José de Nazaré. Nesse momento de grande dor, Nossa Senhora talvez nem soubesse o que fazer com o corpo do filho, mas um outro José a consolou, um homem rico de Arimateia.

    Discípulo de Cristo, ele sabia que o Mestre seria enterrado indignamente, por isso pediu autorização a Pilatos para colocá-lo em um sepulcro novo. Era o lugar destinado a si próprio quando morresse, mas José, tomado por misericórdia e grande amor ao Mestre, cedeu-o a Cristo.

Tudo isso tem um importante significado: Jesus não pode ocupar um lugar velho dentro de nós, mas, sim, habitar um local novo. Tal como fez José de Arimateia, somos convidados a ceder o nosso sepulcro ao Senhor; nossa alma e nosso coração devem estar sempre limpos e puros para recebê-lo.

Sem dúvida Maria experimentou uma situação de grande sofrimento vendo o corpo dilacerado do filho ser entregue a um outro José que não o pai, e que o levaria para a sepultura. Mas que grande confiança Maria depositava em Deus! Nossa Senhora era sustentada por uma fé inabalável e, no silêncio de sua dor, havia a certeza da ressurreição em seu coração.

Precisamos entender que, para chegar à luz, é preciso passar pela cruz. Para carregarmos nossas cruzes temos que seguir um relacionamento constante e profundo de amizade com Cristo, como fizeram as santas mulheres que o acompanharam e os apóstolos que não foram incrédulos e que nunca duvidaram de Jesus.

A partir deste capítulo, Jesus não mais se apresenta a nós como o Cristo que sofre, mas como aquele que deseja se encontrar glorioso conosco. Se cairmos na tentação de nos sentir derrotados diante dos desafios, abatidos pelo desânimo, lembremo-nos da frase de Jesus: "Coragem! Eu venci o mundo" (João 16,33). E de fato foi o que aconteceu: Ele ressuscitou! Se Cristo não tivesse ressuscitado, vã seria a nossa fé. Que felizes somos, pois podemos agora buscar uma vida nova, uma ressurreição em todas as situações de nossa vida.

Em 2000, na Carta Apostólica *Novo millennio ineunte*, São João Paulo II dizia ao leitor: "A sua contemplação do rosto de Cristo não pode deter-se na imagem do Crucificado. *Ele é o Ressuscitado!*" Já em 2002, no documento do *Rosarium Virginis Mariae*, o Sumo Pontífice acrescentaria a essa afirmação que devemos "ultrapassar as trevas da Paixão, para fixar o olhar na glória de Cristo".

Neste Caminho da Luz, é importantíssimo que nos fixemos na Luz da Ressurreição, que adentra o sepulcro e transforma o corpo chagado de Cristo em um corpo glorioso. Essa é a cena da vitória, e somos vitoriosos com Ele.

É uma grande emoção ser católico, permanecer na vida cristã, porque Deus nos concede surpresas de tempos em tempos, que nos fazem sentir sua presença redentora. Às vezes os céus podem parecer nublados, mas o sol está sempre por trás das nuvens pretas; surgem doenças, obstáculos e tribulações, mas a certeza de Cristo Ressuscitado deve nos trazer renovada esperança.

Para operar novos milagres, o Senhor precisa de cada um de nós como instrumentos. Não podemos refletir um rosto triste e sofrido de quem cumpre mal a missão que o Senhor nos concede. Jesus levou a sua missão até o fim sem lamentos, e a nossa face deve refletir a alegria e a paz interior de uma vida que contempla a certeza da ressurreição e do Céu, a nossa grande meta.

Estamos destinados a desfrutar eternamente do Paraíso e não podemos recusar esse presente de Deus. Pela liberdade que nos foi concedida, bem poderíamos dizer "não" ao Senhor, mas estaríamos rejeitando nossa condição de filhos e herdeiros dos bens eternos do Pai.

Se nos descuidamos, o mundo nos "engole" com suas tentações, pois o demônio, o pai do egoísmo, deseja a nossa desgraça e quer que vivamos a mesma condição de penúria que ele vive. Meditar sobre o Paraíso e almejar alcançá-lo é lutar contra as forças do mal. Muitas vezes, por não termos bem definidos nossos propósitos, acabamos cedendo facilmente ao mundano.

O Céu é a sua meta? É seu desejo chegar um dia à convivência eterna com a Santíssima Trindade, com Nossa Senhora e todos os anjos e santos? Muitos desconhecidos nossos passaram pela Terra lutando pela santidade e foram vencedores por sua perseverança na fé, na esperança e no amor. Esse deve ser o seu único desejo: alcançar a santidade pela perseverança nas virtudes.

Vale a pena perder a vida para ganhá-la eternamente. Não perdê-la de forma negativa, é claro, mas amando incondicionalmente e doando-se a Deus e ao próximo, na certeza de receber a recompensa de desfrutar do Reino de Deus.

31

Renascidos em Pentecostes

"De repente, veio do céu um ruído, como se soprasse um vento impetuoso, e encheu toda a casa onde estavam sentados. Ficaram todos cheios do Espírito Santo e começaram a falar em línguas."

(ATOS DOS APÓSTOLOS 2,2.4)

Passados quarenta dias de sua morte, Jesus ascende aos céus, em corpo glorioso. Os apóstolos se reúnem no Cenáculo, temerosos, pois não sabiam o que fazer: já não tinham a presença do Mestre. Mas Nossa Senhora os sustentava, dando-lhes força e ânimo.

Ainda assim, eles precisavam recomeçar a partir de Jesus para, então, iniciar sua missão de pregação. Dez dias depois da Ascensão do Senhor, Deus envia seu Espírito, manda a si mesmo em Pentecostes na Terceira Pessoa da Santíssima Trindade. As línguas de fogo pousam sobre a cabeça dos apóstolos e o Espírito Santo lhes concede o que a eles faltava: a certeza de que podiam se encontrar com aquele Cristo que estivera ao lado deles ensinando, e que fora pregado na cruz.

Antes daquele dia, a esperança parecia se desvanecer e eles se perguntavam: "Será que podemos perseverar na fé?". Isso pode também acontecer conosco, o abatimento e a insegurança. Além do dom da fé, devemos buscar, através de nossa inteligência e de nossa vontade, a segurança de que o Espírito Santo jamais nos abandona. "Eis que estou convosco todos os dias, até o fim do mundo", diz o Senhor em Mateus 28,20.

As promessas de Cristo não são em vão: até o último dia e até a sua segunda vinda, Ele estará conosco para nos animar e para nos dar força. O Espírito Santificador infunde dons em nossa vida, para serem usados principalmente em benefício daqueles que dependem de nós.

Por isso a necessidade de nos lançarmos em um encontro mais íntimo com Cristo, a fim de construirmos a Igreja dentro de casa, na família e em nossas relações pessoais e sociais. Precisamos construir a Igreja também nos lugares que frequentamos, sendo verdadeiros e ativos apóstolos de Jesus.

Cristo pede a todos nós que não tenhamos medo. Com o Espírito Santo, podemos receber e doar muitas bênçãos, e somos agraciados com o discernimento e a sabedoria que vêm do Alto e nos inspiram a tomar as melhores decisões. Deus se comunica conosco por seu Espírito e nos guia segundo seus desígnios, pois sabe o que é o melhor para cada um.

Precisamos desse grande momento chamado Pentecostes, desse encontro mais íntimo com o Senhor, que nos proporciona experiências únicas com Jesus. Tudo que vivemos e aprendemos de Cristo deve ser partilhado e levado adiante. Quando estamos mergulhados no Espírito Santo, somos chamados a ser luz do mundo e sal da terra. Com Ele, somos capazes de dar mil passos, andando no tempo de Deus; sem Ele, damos três ou quatro passos e sucumbimos.

Nesse contexto, o Papa Francisco nos faz um alerta: "Se a Igreja se fecha em si mesma, se torna ultrapassada. Entre uma Igreja que sofre acidentes lá fora e outra adoecida pela autorreferência, não tenho dúvidas em preferir a primeira". Recebemos o Espírito Santo para anunciar o Evangelho, para ir às periferias da existência, logo não podemos nos restringir apenas aos que estão dentro das paredes da igreja, aos que se encontram nas paróquias todos os dias. Pelo contrário, seu maior serviço é de pescar homens, de aproximar os que se afastaram, de acolher os mais necessitados. Podemos "sofrer acidentes", mas a recompensa com certeza será muito mais gratificante.

Por isso, nada de caminharmos sozinhos: caminhemos de mãos dadas com o Espírito Santo. Ele é o esposo de Maria, foi quem gerou Jesus em seu ventre. Ao contrário do que muitos querem fazer acreditar, não nos afastamos de Cristo ao nos relacionarmos com Nossa Senhora, que constantemente acompanha a Santíssima Trindade. Quem está com ela é levado ao Espírito Santo; quem está com o Espírito Santo é levado a Jesus; quem está com Jesus é levado ao Pai. Não há como separar Cristo de Maria. Quando nos unimos a ela na oração do Terço Mariano, por exemplo, vivenciamos os mistérios da vida de Jesus que se entrelaçam aos mistérios da vida de Maria.

Sabemos que Jesus é o Caminho, a Verdade e a Vida e que só por Ele vamos conseguir a salvação eterna. Mas o Mestre nos dá uma série de situações, fatos e meios para que não nos desviemos do caminho que nos leva ao Pai. E um desses meios maravilhosos é Maria, pois nela encontramos a presença resplandecente do Espírito Santo.

Na Solenidade de Pentecostes, em 8 de junho de 2014, o

Papa Francisco nos deixou uma mensagem muito bonita: "O Espírito Santo nos ensina: é o Mestre interior. Ele nos guia para o caminho certo, através das situações da vida. Nos primeiros tempos da Igreja, o cristianismo era chamado de 'o Caminho'. O Espírito Santo nos ensina a segui-lo, a caminhar em suas pegadas. Mais do que um mestre de doutrina, o Espírito é um mestre de vida".

E assim nos encaminhamos para o fim deste Caminho da Luz, ungidos pelo Consolador. Somos muito importantes para Deus, nosso nome está gravado na palma das suas mãos. Que Ele olhe para nós e veja apóstolos sempre renovados pelo Espírito Santo e que caminham ao lado de Nossa Senhora.

Que o Paráclito nos guie e nos conduza às alturas celestes. Nada de mediocridade, nada de ter uma vida espiritual de fachada. Que o Espírito Santo nos transforme, assim como no Cenáculo transformou aqueles discípulos medrosos em grandes apóstolos, destemidos anunciadores do Reino de Deus.

Conclusão

Caminhamos juntos por 31 capítulos e chegamos ao final deste livro, mas não ao final do caminho.

A decisão de seguir Jesus implica um caminho infinito e sem volta, cuja Luz – o próprio Cristo – se percebe mais nítida e clara a cada passo dado em direção a ela.

A decisão de avançar nessa jornada parte de um desejo diário de conversão. As mudanças interiores nos levam a novos hábitos, que nos fazem agir no amor e, assim, nos aproximar de Deus.

Após estes Exercícios, o desafio é permitir que o Pai venha sempre até você. Depois desta linda caminhada, não deixe de abrir o coração a Ele! Sua busca por Deus fará com que a Luz de Cristo ilumine você com um brilho cada vez mais intenso.

Nosso desejo é que, a partir desta leitura, você sinta a necessidade de se exercitar espiritualmente – tal como somos convidados a fazer com o nosso corpo para que ele não sofra as consequências de uma vida sedentária. Vença a preguiça e o sono espiritual que insistem em afastar você de uma experiência mais íntima com Jesus. Busque uma intimidade com o Senhor que esteja fundamentada na oração confiante e perseverante, reflexo de um coração humilde, pois não se reza com o coração soberbo e vaidoso.

Caso você tenha interesse em se aprofundar nos Exercícios Espirituais, existem retiros de silêncio que seguem esta metodologia, levando o fiel a se voltar para o interior e se aproximar do coração de Deus no amor e na paz.

O Caminho da Luz sempre estará à sua espera para quando você precisar dele, pois são reflexões atemporais e podem ser lidas em separado, segundo a inspiração do Espírito Santo para cada momento da sua vida. E, naturalmente, nada impede que você refaça todos estes Exercícios, pois uma nova leitura será uma experiência nova de encontro com o Senhor.

Portanto, lhe convidamos a seguir neste caminho. Seja incansável. E, se por acaso você sentir vontade de desistir, pare, olhe para trás e perceba quanto sentido para sua vida você recobrou. Perceba quanto você já caminhou e quanto a Luz de Cristo já brilha mais forte, pois está mais próxima de você. Nós nos encontraremos nos exercitando pelo caminho.

Tudo por Jesus, nada sem Maria!
COMUNIDADE OLHAR MISERICORDIOSO

Agradecimentos

Este livro é dedicado a todas as pessoas que passaram e que passarão por nossas vidas e pela Comunidade Olhar Misericordioso, sendo reflexo da Luz daquele que dá sentido a cada vida: Deus.

Não seria possível colocar no papel o nome de todos aqueles que trazemos em nossos corações, mas diariamente agradecemos a Deus por tê-los em nossos caminhos. São pessoas que, nos momentos mais difíceis, nos incentivaram a seguir adiante, que nos perdoaram quando precisávamos de perdão, e nos levantaram quando precisávamos de palavras de ânimo.

Este livro é fruto de uma convivência sadia com tantos e tantos amigos, presentes de Deus ao longo de nossas vidas. Amigos que estiveram ao nosso lado quando precisávamos, amigos que foram e que são, até hoje, indicadores da Luz.

Agradecemos de coração a Deus por este livro ter chegado a suas mãos. Você, leitor, certamente será esse indicador da Luz, que dará mais sentido à vida de todos ao seu redor.

Saibamos perdoar, amar, ajudar os outros a se levantar. Saibamos estimular o próximo a superar todos os obstáculos.

De uma maneira especial, dedicamos este livro a cada membro da Comunidade Olhar Misericordioso, e aos Sacerdotes e Famílias, estes cujo cuidado e defesa configuram o cerne da nossa missão.

O caminho da Luz

ANGELVS
EDITORA

www.angeluseditora.com

Este livro foi impresso pela
Gráfica Loyola